台灣人被洗腦後的迷惑與解惑

埔農 著

序

本書標題名《台灣人被洗腦後的迷惑與解惑》，台灣人是指現今全體台灣住民。遭受蔣幫壓霸集團洗腦的，不只是原台灣人，移居台灣的善良中國難民及其子孫，也全都被蔣幫壓霸集團洗腦了！全體台灣住民都有迷惑，也都需要解惑。

筆者在拙作《台灣受虐症候群》上冊第一章、《失落的智慧樂土》及《原台灣人身份認知辨悟》裡，舉證敘述台灣被摧毀的文化、文明與歷史眞相，以及台灣人被洗腦改造，繼而原台灣人認盜作祖的事實及其過程。不少人半信半疑，有人甚至拒絕相信筆者所列舉的事實證據(尤其現在的台灣聞達人士)，這是由於侵台的蔣幫中國壓霸集團在早期假漢人台奸的協助下，70年來全面地利用學校教育與社會教化不停洗腦台灣人，現在的台灣聞達人士，全是在這段時間學習、認知、成長，滿腦子充斥的，盡是這些僞造文書的記憶。

事實上，蔣幫壓霸集團繼承人，現任台灣教育部高中課綱檢核小組的謝大寧，就已於2015(今年)年6

月10日公開演講時囂張地坦承：「歷史課綱有高度政治性，不是要闡述(眞實)歷史，而是要把不同來源的人凝聚爲共同的『國族』，建立『我群』意識。」以白話來講，意思是說：「台灣的歷史課，本來就是用以洗腦台灣人的工具，不必敘述史實，能讓你們原台灣人迷糊而甘心臣服即可。」

這話是有不少現代台灣聞達人士聽懂了，突然驚覺「中國壓霸集團是利用僞造歷史的教育在洗腦台灣人」。但是，既已知今日是在被洗腦，爲什麼還對昨日的被洗腦拒絕反省呢？爲何偏偏對前50年更殘暴、更陰狠的蔣幫壓霸集團之洗腦教化甘心接受？眞不知不覺了嗎？還是假漢人當上癮了？

中國壓霸集團在高喊這「我們是高級中國人」(意思是：「我視你爲奴僕，我玩弄你、你服侍我，是剛好而已」)、「你們都是我們高級中國人幹出來的」(意思是：「你既已認我這盜作祖，我這盜罵你是我幹出來的，也是剛好而已」)、「台灣人若要去中國化，就不能拜關公、媽祖，也不能吃中國菜，連姓氏都必須要改回去。」(意思是：「這些宗教、習俗都不是你們台灣人自有的，你們既已被我教訓成習慣使用我的宗教、習俗，當然必須拜我爲祖公、供養我。若不認我是祖公，就得全部改回去你們自己的宗教、習俗。但是你們改得回去嗎？哈哈！」)之後，中國壓霸集團於2015年6月10日再公開承認：「70年來，中國壓霸集團對原台灣人的洗腦過程，就是利用僞造的歷史教材達成的。」

但是，奇怪的是，既然已知今日台灣人是在被洗腦，現代台灣聞達人士卻還是不承認自己的曾被洗腦，現在還堅持「是清代移民後裔」的謊言。說「中毒太深」是有些不禮貌，但這不是事實嗎？

知識份子都會有過度自信的通病，也低估了中國壓霸集團心狠又狡猾的能力。不少台灣聞達人士，到現在仍寧願相信被蔣幫中國壓霸集團及少數台灣假漢人故意歪曲、抹黑的謊言，早忘了「有唐山公，無唐山嬤」那令人傷心的原意，更不肯相信台灣原有文明、文化和生活方式會在四百年內消失，也堅持「原台灣人的語言、宗教和習俗不可能就在三百多年內完全改變」。更不肯相信「中國的壓霸蹂躪」有如此可怕的影響力。

爲了替大家解惑，筆者雖拖著病體殘身，只好再勉力打起精神，向讀者進一步舉證、舉例說明。任何讀者有不同的認知，可寫信到前衛出版社轉交，提出反駁，筆者會再詳細舉證解釋，讓大家清楚瞭解，至完全沒有疑問爲止。

筆者本是一個遠離塵囂而清靜自甘之人，以前有時曾實在看不過一些台灣聞達人士繼續誤導台灣人的錯誤論述，才偶爾去函舉證說明，但他們都自以爲「高級」，無人願意理會筆者這鄉下窮酸。筆者無奈，只得投書所謂的中立媒體，也因爲筆者之舉證，和台灣聞達人士的認知大異而不被接受。後來眼見台灣靈魂的沉淪已近滅頂，筆者不得已才勉力出書(《台灣受虐症候群》上、下冊；《失落的智慧樂土》及《原台灣人身份認知辨悟》)，寄望能爲台灣靈魂的復甦盡一份心力，可惜成效似乎仍不如所望！今日台灣聞達人士，尤其台灣文史學者，看來不予以當頭棒喝，是不願覺醒了！

十幾年來，筆者多次給予台灣聞達人士(尤其台灣文史學者)重新檢視其台灣文史認知的機會。可惜在「斯德哥爾摩症候群」、「台灣受虐症候群」的固化下，他們都是以「埔農你算什麼東西」直接排斥。筆者逼不得已，才勉力寫書，公開舉證說明給大眾看。看過筆者拙作的聞達台灣文史學者，卻一再躲在聞達保護傘內，傳話批評，說筆者是「因爲急切而盲動抒論」、「是不顧學理的雜說」、「是情緒性的非學術用語」、「語帶情緒」、「涉人身攻擊」。

說筆者「盲動抒論」，但卻不直接指出筆者所述證據，有那一點不正確或是僞造的，也不敢和筆者對質。

說筆者「是不顧學理的雜說」、「是情緒性的非學術用語」，筆者舉證說明事實，是不顧學理的雜說？非學術用語？聞達的台灣文史知名學者們，一味地盲從早期台灣聞達假漢人和蔣幫中國壓霸集團的僞造文書，連清國據台期間，作用如小碉堡，用來防衛前線隘口崗哨的「土牛」、「土牛溝」，都一直盲目地瞎說成是隔離「唐山漢人」與「台灣番」的「漢、番界」，這就是遵守學理？就是符合學術用語？

說筆者「語帶情緒」，筆者希望大家反抗被洗腦，期待台灣聞達人士(尤其台灣文史學者)不要繼續為虎作倀、繼續洗腦我們的下一代，就是語帶情緒？

說筆者「涉人身攻擊」，筆者只是指出眾多台灣聞達人士的共同盲點，就是涉人身攻擊？筆者是吃飽太閒了嗎？去人身攻擊他們作什麼？

今年難得有一位心術正的台灣文史學者，雖然批評筆者「矯枉過正」、「無限上綱」，還是有列舉幾項他的質疑，反駁筆者，給筆者有再舉證仔細說明的機會。起初他也還能欣然接受。可惜的是，這位心術正的台灣文史學者，不久即不堪來自患有重症「斯德哥爾摩症候群」(台灣受虐症候群)同儕的壓力，拒絕再讓筆者繼續提供歷史眞相的證據。是眞可惜！本來以爲，若能有一位台灣文史學者先行醒覺，可望打開重新追查台灣歷史眞相的風氣，連帶會讓其他台灣文史學者也能覺醒，則台灣國家和族人靈魂就可盡早得到解脫。筆者還因此欣慰了好幾天呢！

筆者非常歡迎並感謝仍存有疑問的讀者提問、質疑和反駁。因爲只有如此，筆者才可以瞭解讀者之所以還不能解開迷惑的盲點在那裡，也才知道要從何處再加強舉證說明，以便更有效地讓大家徹底清楚、完全明白。

有錯，筆者絕對會承認。例如，有讀者提出「台灣原生麻非瓊麻，失落的智慧樂土中寫錯了」。是的，台灣原生麻叫作「【○】麻」，【○】的發音類似福佬話「黃不」的混音，筆者當初寫不出來，幫忙打字的小姐就先以「瓊麻」代替，說等她查清楚後再改。她還是查不出應如何寫，後來又忘了這事，筆者也忘了，就誤植書內，很是抱歉！

本書主要內容，是教授級台灣文史學者對筆者提出的質疑和指責，部分是其他讀者的再提問。筆者針對這些質疑、指責與疑問，均再詳細舉證說明，一併收錄各章節中。讀者看了，相信會更容易清楚瞭解。

筆者學的是實證自然科學，受的訓練是：「絕不可憑單一發現妄下定論，必須從每個面向仔細檢視其他資訊，綜合各資料相互比對，才能審愼做出正確的判斷。」本書內容，筆者均經仔細多方查證，再比對各項證據，確定無誤後才寫下來的。爲表示負責，任何讀者若能率先舉出實證(應避免再拿少數早期台灣假漢人及蔣幫中國壓霸集團的僞造文書做藉口)，證明本書內容有那一句話是錯誤的，或書中有那一部分是僞造的，敬請向前衛出版社提出，筆者保證奉上書款的百倍金額答謝，並在前衛出版社網站道歉。

目次

Contents

第一章

原台灣人何以走到今日自虐又尷尬的慘況？

今日世界現況的形成，來自人類殘存「成者爲王」的獸性。壓霸者自立爲王，奴役弱小，統領族群。壓霸族群再掠奪資源，併吞弱小族群建立大國，貪婪不止。大國既有人力、資源、土地的優勢，在現代化(其實是提昇稱霸武力和炫耀享受的競爭)過程中更能領先，使小國居弱勢而無力與之抗衡。其實，善良小國只要國民的人格健全，有確實的國家認同，仍能發展其自己特性而自立自強，例如瑞士、瑞典等國。

在這種無奈的氣氛中，虛榮與貪婪遂在社會中風行，弱肉強食也屢見不鮮，成爲人類苦難的根源。但是，人類原有的靈性文明，還是自然地會隨時激勵正常人要維持尊嚴。爲求名利、權勢，旁門左道、欺凌善良的人是時有所聞，但少有人爲名利、權勢而無恥至認賊作父。賣祖求榮者也許能得一時虛榮，都受鄙夷而終究自取其辱。所以自古受壓迫者多是堅忍生活，伺機自強。中國是較奇怪的國家，中國聞達人士貪婪、壓霸至極，卻眞能屈能伸，中國聞達人士屈時可認賊作父，伸時則將賊父編纂爲兄弟以遮羞。昔日的「蒙」、「滿」侵略者，可改稱「元」、「清」，硬擠進其歷史族譜，眞是一部道地的厚黑學。

早期台灣遭受來自中國的鄭、清官員壓霸蹂躪二百多年，有些人士受洗腦影響，沾染其惡習，學著爲求聞達而認盜作祖，僞裝假漢人。這些少數假漢人習於勾結權勢，狐假虎威，自以爲高級，這是被設計誘發的『斯德哥爾摩症候群』心理疾病。這些少數假漢人從清據時期延伸到日據時期，再鑽進蔣幫中國壓霸集團侵略台灣的行列。蔣幫中國壓霸集團入侵台灣，同樣心狠手辣，卻更狡猾。

大家看看，同樣是異族侵佔台灣，日本據台時期，日本人製作的台灣人地理、歷史教科書，仍然以台灣爲主體，大都是在認識台灣。蔣幫中國壓霸集團入侵台灣後，不論地理、歷史、音樂、文學、戲劇，全以大中國爲教材，歌頌中國，台灣部分則僅做簡單點綴，更僞造台灣歷史、篡改史實。相較於日本據台時期，就可瞭解中國壓霸集團的狠毒。

今日台灣處境的尷尬和危機，是來自國家認同的模糊與混亂。不少台灣人對自己的身份存在不確定性，甚至出現「斯德哥爾摩症候群」或「次斯德哥爾摩症候群」，這是來自蔣幫中國壓霸集團的二次洗腦所致。但是，自1990年後，台灣至少表面上已走向民主化，若沒有現代台灣聞達人士的輕忽，率先認盜作祖，風行草偃，拖累了全體台灣人，以原台灣人的靈性和智慧，絕不致有今日的慘況。早期求聞達之台灣假漢人的無恥，是協助蔣幫中國壓霸集團成功二次洗腦台灣人的重要因素；現在台灣聞達人士的輕忽，卻是令今日台灣人難以醒覺的主凶。

由於大家腦中一生堆積的認知，都是蔣幫中國壓霸集團70年來之洗腦教化所產生的錯覺，台灣讀者看到這裡，必然心中充滿疑惑，難以置信。沒關係的，本書中第三章至第十二章是教授級台灣文史學者對筆者提出的質疑和指責，筆者針對這些質疑、指責和疑問，都有再詳細舉證說明，相信台灣讀者仔細看完之後，會有較清晰的瞭解。

現在的台灣聞達人士受蔣幫中國壓霸集團成功洗

腦而不自知，蔣幫中國壓霸集團及其繼承人卻心裡明白，清楚得很，因此就造成了「『施暴者』能保持精明，『受虐者』反而迷茫嗔癡」的現象。

例如：在台灣表面民主化之後，蔣幫中國壓霸集團和繼承人都明白，因為一人一票，為了偽裝親民(不鄙視人)，他們知道，要騙取支持，任何人皆應虛應一下，以後要把這些人生吞活剝就容易多了。連去函罵中國壓霸集團官員，他們都還會有假禮貌的官式回函。可是，現代台灣聞達人士，尤其是一副有台灣意識姿態的政治人物，很容易就被既得名位沖昏了頭，自以為已是貴族了，要理會普通老百姓，就顯厭煩。民進黨自己就曾承認，「民眾來函，民進黨都是不會回信的。」這是何等的嗔癡傲慢！這些台灣聞達人士的心態是怎麼了？如早期台灣假漢人一樣，自覺高級了，閒人自須迴避？尤其民進黨的參政者，不少是留美(或其他現代先進國家)學人回來的，又不是沒見過現代民主社會(雖然說台灣僅是表面民主化)，民主社會的政客，背地裡雖然高傲，面對民眾時總是一副謙虛、親民的表現，是選票堆砌他們上去的嘛。只要是頭腦清楚的政客，縱使百般不耐煩，就當作例行公事，也不得不應付一下每一位民眾。民進黨的參政者，雖能警覺中國人的自大、貪婪、陰狠、厚黑、壓霸且慣於僞造文書而知道要拒絕，但由於受洗腦後的受虐心態已固化，不但喪失了原台灣人的精神，僞裝起虛榮高級的假漢人，還從霸凌者學了一身「輕視平凡」的病態，所以才有一大批台灣清明人士，每次選舉，都是含著淚水去投票。

台灣聞達人士，大多數是自幼從蔣幫中國壓霸集團陰狠設計的標準教科書之呆奴化學校教育中受教成長、脫穎而出的所謂「優秀學生」，習慣於「全心全意努力用功，以便勝過同儕」。既能脫穎而出，必是常勝者。更由於習慣於直銷式的塡鴨學習，心靈上較缺理性自省的思考能力。努力競爭中的常勝者，又缺理性思考與自省的能力，易有自戀傾向，對自己的認知過度自信，更會磨損「欣賞他人之美」的怡然心境。一旦聞達，就容易忘了自己是誰！

事實上，台灣聞達人士是得了「次台灣受虐症候群」(次重症斯德哥爾摩症候群)，使得台灣民眾受到連累而沒能早日從「台灣受虐症候群」(重症斯德哥爾摩症候群)中解脫。台灣聞達人士心態上仍然受到「台灣人身份的被洗腦後迷失」所禁錮，且風行草偃，使得一般台灣民眾更受到深化迷惑。因爲大眾的錯誤認知，無論是來自學校教育或社會教化，絕大部分都是受聞達人士所影響。由於台灣聞達人士還未能率先從身份的迷思中清醒過來，連帶拖累多數的台灣民眾無法早日從『台灣受虐症候群』的心理禁錮中康復。所以，中國蔣幫壓霸集團繼承人，今日還可以隨意操弄全體台灣住民。

回頭看看台灣人原本的智慧與韌性，雖於17至19世紀，歷經200多年持續遭受來自中國的壓霸蹂躪與洗腦，大多數平地台灣人在逆境中仍能暗自延續台灣精神、智慧與靈性(山地各族台灣人，被「封山令」惡狠地與世隔絕長達200年)。在日本統治下，仍一直堅持著從清國蹂躪中難得殘留的一些台灣習俗和精神，更能明白告訴日本人，自己是台灣原住民，曾被唐山人稱爲「番」，日本據台當局就記載爲本島人「熟番」。蔣幫中國壓霸集團肆虐台灣的前50年，是陰謀迅速將原台灣人呆奴化，但自1990年之後，大部分的箝制和文書已開放，多數台灣人反而至今已不知自己的史實，也變得不能確定自己的身份，不少人還是處於國家認同的混亂狀態中。以上兩相對照就明白，在台灣表面民主化之後，現代台灣聞達人士 (自願或非自願) 之繼續沉溺於中國的教化洗腦中，是要負很大的責任。因爲大眾的錯誤認知，都是受聞達人士所影響。

由於現代台灣聞達人士之輕忽，繼續沉溺於中國的教化洗腦中，使得台灣大眾在1990年台灣表面開始民主化之後，已歷經25年，仍然有不少人猶疑於國家認同，說什麼是台灣人也是華人或中國人。更糟糕的是，到現在還有人在僞造族譜，硬把台灣家族串聯上從中國搜集來的漢人族譜，眞是可悲！

也因爲這情況，說是有台灣意識的政客，在台灣人民把他們送上高位，掌握權勢名利後，受惑於聞達，得意忘形，說什麼中華民國在台灣、也接受什麼「中華台北」；還在叫堅持自己是中國人的流亡來台人員爲「外省人」；稱中國青年軍爲「救國團」；稱中國國民黨爲「國民黨」；還叫中國爲「大陸」，顯然還是在跟著中國壓霸集團的屁股走，眞是飼老鼠咬布袋！連帶使得台灣民眾對一些台灣危機，以及對在台壓霸中國集團和假漢人台奸的持續賣台行爲沒有感同身受。

例如：

大舉開放中國人藉結婚取得台灣身份，至2014年3月，台灣的中國籍配偶已逼近26萬人，已取得台灣身份證者超過15萬人。每年約12,000人以結婚名義進入台灣，每年卻有8,300多對的中國配偶離婚。其中國親戚以及原來就在台灣的移民之親戚又准許來台依親，依親的也可以取得台灣身份證，這種匪夷所思之事，正逐步把台灣推向圖博(西藏)化。

台灣政府負債，單現在就已超過20兆，換算下來，每個台灣人(是每人，不論成人或嬰幼兒)正背債100萬元，多麼觸目驚心啊！自肥加買票式的軍公教退休金制度，退休後所領退休俸比本薪還高，更不必繳納所得稅，都在啃蝕台灣的財政根基，使台灣財政正面臨破產危機。

台灣資金大量流向中國，產業過度外移中國，不但台灣陷入財務困境，產業萎縮，稅收銳減，人力需求急降，年輕一代不是失業就是只能領低薪，台灣經濟更受到中國箝制。

國際矚目釣魚台島嶼，自古即是台灣之附屬島嶼。現在中國藉口台灣人多數自以為是華人，中國就自稱代表華人，大張旗鼓地要爭奪釣魚台島嶼。而台灣政客與聞達人士，竟在中、日爭奪釣魚台島嶼主權的大聲叫罵中低聲下氣。

馬英九以地方政府的姿態和中國簽了ECFA，簽約中將解釋權和批准權交給中國，台灣在ECFA中不但喪失主權，經濟營運也遭受中國箝制。

一向惺惺作態的中國政治和尚「星雲」，公開指著台灣人的鼻子，壓霸地大罵：「那裡有台灣人？台灣已經沒有台灣人了！」星雲經常扮演的是僞君子，現在也要恢復「眞小人」來過過癮！星雲還是一如以往，持續於台灣吸納台灣人的血汗錢，用以在中、台之間得意揮霍而傲人。

中國蔣幫壓霸集團及其繼承人一貫自稱「高級中國人」(郭冠英只是公開狂叫的一個)之後，2014年4月1日，被通緝多年，卻能回到台灣又立即交保的竹聯幫黑幫大老張安樂(號白狼)，更率眾到立法院(學生反服貿)挑釁。粗鄙、囂張地叫罵：「你們(台灣人)都是中國人幹出來的。」清華大學副校長劉容生還立即出來幫腔說：「白狼只是說了社會不敢說的話；打了學生一個學校不敢打的耳光。」

台灣政府的高官和剛退役軍事將領去中國大談出賣台灣給中國，台灣司法不能以叛國罪懲治他們；任職台灣政府機構的高官(如董淑貞)同時可以去擔任中國統戰部大將，執行消滅台灣的任務，台灣司法還是不能以間諜罪懲治她；台灣空軍軍官施勛銘影印台灣幻象2000的機密資料給中國，洩密間諜罪證確鑿，法院卻以寫悔過書結案。

台東女中周威同老師，因2015年5月29日接受記者採訪時，談及此次的所謂違調課綱，表示反對黑箱作業的方式，該校教官立即遵令通報教育部，將周威同老師列管，置學校教師於恐懼之中。善良的台灣人，誤以爲警備總部裁撤了，台灣不再有白色恐怖，是太天眞了。蔣幫中國壓霸集團一向把學校教育視爲管控思想、洗腦台灣人的利器，是絕不放鬆的。已洗腦台灣人70年，台灣的表面民主化，使中國壓霸集團開始擔心，怕也許有一天台灣人可能會清醒，他們是絕不會放棄操縱學校教育的。21世紀都過了15年，除了北韓，世上還有那個國家的政府，會公然派軍方特務入駐校園監視師生？

2015年6月2日，羅東高中學生又因爲發反對違(微)調課綱的傳單，被該校學務主任喝斥取締，學生紛紛驚慌逃竄。

其實，台灣的所謂教育部，一直是中國意識洗腦部。如今已2015年，教育部歷史課綱的編製，還是由中國毀台團體「中華兩岸和平發展委員會」的創辦人王曉波任召集人，找來中國統戰工具《海峽評論》(王曉波是主筆兼總編輯)的編輯委員、檢核主導人孫若怡和吳昆財兩人共謀，拉進這些團體的成員潘朝陽、李功勳、謝大寧、林德政，以及其外圍份子楊宇勳、張建球、杜奉賢組成所謂的歷史課綱委員會一手操縱。還是一如以前，台灣的歷史教育一概是中國在台壓霸集團及中國在台間諜用來洗腦、奴化台灣人的工具。

於是，2015年6月10日，謝大寧公開演講時大叫：「歷史課綱有高度政治性，(我們撰寫台灣歷史)不是要闡述(眞實)歷史，而是要把不同來源的人凝聚爲共同的『國族』，建立『我群』意識。」

以上只是隨意舉幾個例子而已，但任一個例子若發生在任何正常國家，必引起暴動抗爭，沒有那一個人或政客敢在任何正常國家內做出這種事、說出這種話。但是，這種事不斷在台灣出現，大家卻習以爲常！因爲台灣人普遍身份迷失，國家認同模糊，不少人甚至認盜作祖，自以爲是漢人，自以爲是華人，加上「斯德哥爾摩症候群」或「次斯德哥爾摩症候群」，所以臨危沒感覺、處變不知驚。

貪婪權位名利的政客、紅頂商人和巨賈們，慣於覬覦暴利而不擇手段(包括認賊作父、認盜作祖)，但普羅大眾仍多數是有良知且重視尊嚴的人(尤其原台灣人)，只要明白自己身份的眞相，絕對會維護人格，絕不願爲近利而混亂國家認同，也不會向厚黑壓霸者搖尾乞憐！

第二章

不是中國人搶走我們的國家，是我們原台灣人自己把國家讓給中國人

印度聖雄甘地說：「不是英國人搶走我們的國家，是我們印度人自己把國家讓給英國人。」

因爲印度文化從未被摧毀殆盡，印度聞達人士也都還能保有自有的靈魂尊嚴，所以印度人能在二次大戰後的兩年內恢復自己的國家。

台灣則因文化被摧毀殆盡，三百年間被重覆洗腦兩次，造成一些早期台灣聞達人士，爲了名利，寧願出賣靈魂，自願認盜作祖，僞裝爲虛榮高級的假漢人，使得台灣的苦難不得休止。

原本願意出賣靈魂的台灣聞達人士還是少數，1899年(明治32年)，自稱爲或被認爲是唐山人(或漢人)後裔的台灣人僅僅不到1,000人(都是如連横等，因漢化深而變性，藉勾結漢人滿官欺壓同胞而得利的所

謂士紳、阿舍【清末台灣巡撫劉銘傳〈清賦的12項建議〉】，自以爲是高級人，不願和其他同胞一起被稱爲番。)所以1980年以前，世界各國的認知都是：1945年所謂中華民國的蔣幫軍隊，是在美國麥克阿瑟將軍率領的軍政府指派下，代替二次大戰盟軍暫時佔領台灣。1949年的所謂中華民國政府在台灣是「流亡政府」，中華民國流亡政府在台灣的一切作爲都是非法的。甚至這「流亡政府」自稱爲「中華民國政府」仍是有爭議的，因爲原本的合法中華民國政府當時還存在中國境內。而充其量，所謂的中華民國流亡政府僅能被視爲可代表中國，所謂的中華民國流亡政府並不能代表台灣。

但是，由於1970年後，禁不住虛榮誘惑而寧願偽裝爲假漢人的台灣聞達人士逐漸增多，受連累而輕易被洗腦成假華人的原台灣人也才漸漸多了起來(所謂風行草偃，因爲大眾的錯誤認知，無論是來自學校教育或社會教化，絕大部分都是受聞達人士所影響)，2000年以後，自以爲是華人的原台灣人竟然快成了普遍狀況。這現象困惑了各國政府，國際上的看法才逐漸傾向：「既然你們原台灣人自己(不論自願或非自願)大都表示是華人，那外人還能說什麼呢？」所以，國際上原本認知爲「絕對非法」的所謂中華民國流亡政府，在1980年後就變成「有爭議的非法流亡政府」。甚至於2000年後，「有爭議的非法流亡政府」竟然開始逐漸偷渡成「有爭議的華人政府，或甚至是有爭議的中國人政府」。這就是造成今日台灣普遍自虐的尷尬慘況之過程。

於是，台灣民主進步黨總統參選人蔡英文的父親蔡潔生先生，二次世界大戰期間被當時統治台灣的日本政府徵派到滿洲國服役，專責維修日本軍機。今日蔣幫中國壓霸集團及投靠的台灣假漢人，卻以此藉口罵蔡潔生先生是「漢奸」、罵蔡英文女士是「漢奸之女」。原台灣人被迫到滿洲國服役(滿洲國人並非漢人，滿洲國並不屬於當時的中國，滿洲國人是被中國驅逐的韃虜)，那裡和中國扯上關係了？眞要說「漢奸」，清國時期的眾多漢人滿官才是「漢奸」(替入侵中國的人工作。中國人孫中山不是一直說要驅逐韃虜嗎？)，其眾多後代子女才稱得上眞正的「漢奸子孫」，那輪得到台灣人頭上，不是嗎？

2015年6月29日發行的知名美國時代雜誌(*Time*)，將台灣民主進步黨總統參選人蔡英文做爲封面人物，標題是「她可能領導唯一的中國人(華人？)民主國家(She could lead the only Chinese democracy)」。原台灣人的認盜作祖，是導致了外國人誤解的無奈，台灣民進黨人不但不知需要澄清，竟還爲這個時代雜誌封面而歡欣鼓舞。這裡的Chinese可解釋爲「中國人的」、「中國的」或「華人的」，台灣是中國人的嗎？中國的嗎？華人的嗎？清醒一點吧！

印度聖雄甘地說的話只是在激勵印度人努力復國，用在台灣才眞的貼切：「不是中國人搶走我們的國家，是我們原台灣人自己把國家讓給中國人。」

筆者在拙作《台灣受虐症候群》上冊第一章、《失落的智慧樂土》、《原台灣人身份認知辨悟》裡舉證敘述台灣被摧毀的文化、文明與歷史眞相，以及原台灣人被洗腦改造而認盜作祖，誤以爲是漢人，再自以爲是華人的事實過程。不少人因而半信半疑，有人甚至拒絕相信筆者所列舉的事實證據(尤其台灣聞達人士)，這是因爲知識份子都會有過度自信的通病，也低估了中國壓霸集團心狠又狡猾的能力了。有些人士仍寧願相信被蔣幫中國壓霸集團及少數台灣假漢人故意歪曲、抹黑的謊言，早忘了「有唐山公，無唐山嬤」那令人傷心的原意，還不肯相信台灣原有文明、文化和生活方式會在四百年內消失，也堅持「原台灣人的語言、宗教和習俗不可能就在三百多年內完全改變」，更不肯相信「中國的壓霸蹂躪」有如此可怕的影響力。這些，筆者在以下的章節都會詳細舉證，解說清楚。

這時令筆者想起一個「聽說兒子殺人」的悲劇：一位育有獨子的父親，見某甲來通知：「我聽說你兒子在市場殺死人，已被抓到警局去了。」該父親笑說：「我兒子剛剛才前往他女友家作客，你聽錯了！」不久某乙來說：「我看見你兒子在市場殺死人，已被抓到警局去了。」該父親笑說：「我兒子一直很受教，爲人和氣又善良，從不與人爭吵，何況是殺人？你一定看錯了！」接著又有某丙來報：「我看見你兒子在市場殺死人，已被抓到警局去了。」該父親稍遲疑後(已笑不出來)說：「我兒子從不會與人打架，又怎麼會跑到市場去殺死人呢？可能是你看錯了吧！」後來某丁再報：「我看見你兒子在市場殺死人，已被抓到警局去了。」身爲父親的，這時信心全失，心慌之下，趕緊前往警局要探視兒子。一進警局就說：「警官先生，聽說我兒子殺人，被逮捕來警局，我想見見他。」警官未仔細詢查就回答：「不行，他已收押禁見，你回去吧！」這位父親的心全涼了，回到家更難過，心想：「辛勤教養的獨子，如今殺了人，即使僥倖逃過死刑，必也無期徒刑。一生指望全沒了！」一時想不開，竟然上吊自殺。此時他兒子才由女友家回來。

這位父親就如今日的台灣大眾，一再被謊言欺騙，經重覆洗腦下，竟然就信了詐欺的謊言而不疑。某甲、乙、丙、丁就如中國壓霸集團的不停強制洗腦。這粗魯不查的警官就如那些台灣聞達人士，而他們卻是有意或無意的開了致命的最後一槍。造成這麼大的罪惡和悲劇，還可以殺人不必償命！所以原台灣人若再不清醒，還要繼續認盜作祖，看看這位做父親的，要自尋死路嗎？

第三章

台灣絕非移墾社會

今日台灣的困境，全因爲台灣聞達人士自己身份的迷失。今日台灣歷史學者對清國及日本據台時期的認知，都是受連橫、丘逢甲等假漢人以及後來於1949年中國蔣幫壓霸集團帶來台灣的黃典權等人牽著鼻子，迷途走向中國。以黃典權爲首的中國寫手，奉蔣幫壓霸集團之指示，爲呆奴化台灣族人，他們翻查漢人滿官以侵略者心態留下的文書，以及日本據台時期留下的文件，加以扭曲改寫再僞造。

台灣聞達人士，雖能警覺中國人的自大、貪婪、陰狠、壓霸且慣於僞造文書而知道要拒絕、要反抗，但心態上仍然受到「台灣人被洗腦後身份的迷思」所禁錮，自以爲是漢人後裔(斯德哥爾摩症候群)，或自以爲至少是半漢人(次斯德哥爾摩症候群)。而在所謂風行草偃的劣幣驅逐良幣作用下(當市場上僞幣的使用率與數量超過眞鈔時，僞幣很快會成爲通行貨幣，眞鈔反而會遭丟棄)，使得一般台灣民眾更受到深化迷惑。因爲大眾的錯誤認知，無論是來自學校教育或社會教化，絕大部分都是受檯面上的聞達人士所影響。

跟著中國壓霸集團胡扯，只要三言兩語，要詳細舉證反駁蔣幫中國壓霸集團70年來根深柢固的洗腦改造，則可寫成厚厚的一本書，甚至多本書。多位歷史學者常以清國所掌控的台灣人口記載，堅持說：「台灣人口於17世紀原本僅有6萬多人，此後漸多中國閩南地區唐山人移入，到18世紀中已增至60來萬人，怎麼不是移墾社會？」

事實上，這6萬多人的數字是來自清國侵台初時，載明一開始即爲清國所掌控的部分，是初期即被迫順服的台灣人口數而已。但尚未接受管轄的台灣人口數又有多少呢？

首先，若按照聞達歷史學者所認定，在17世紀時的原台灣住民僅有6萬多人，近50年內移入50多萬單身男性唐山人(依照台灣聞達人士自己解釋的無唐山嬤)，那這些單身唐山男子那來的妻子繁衍子孫？如果沒結婚，他們百年內不全死光而無存？拜託，不要又想硬誑說：「是從原台灣住民處搶來的！」這樣會害大家吐血的！若原台灣住民眞如他們所說僅有6萬多人，那婦女也僅3萬餘人，可以搶來結婚生子的婦女必低於2萬人。即使原台灣住民可以結婚生子的婦女都被搶光了，那50萬餘單身男性唐山人能繁衍多少子孫留存？再說，迷糊的原台灣住民之認盜作祖的源頭，都在中國福建泉州、漳州以及鄰近的幾個鄉里。若這些地方在17、8世紀於50年內大舉外移50多萬人，多數必成空城。這是驚人的歷史大事，中國怎麼可能全無記載？這些地方所記載的，僅有零星的渡台人數(奉派赴台任職，是官兵、工匠、贌商以及專職強制漢化的教員、教官和訓導，均3年內遣返)。「移民屯墾」的說詞有這麼多的矛盾，只要是頭腦清楚的人，根本不必翻查史實證據，有誰會相信這種騙局？頭殼壞了嗎？

而事實證據是：

1686年台灣府志(蔣志)記載，全台灣已掌控的民口數(已漢化)僅60,457人，已歸順未漢化番口數僅16,216人。台灣府(今台南市區) 已漢化民口數爲30,229人，已歸順未漢化番口數爲8,108人。台灣縣(今台南市區以外之部分大台南地區，當時的曾文溪以南)已漢化民口數爲15,465人，並無番口數。鳳山縣(今高屏地區)已漢化民口數爲6,910人，已歸順未漢化番口數爲3,592人。諸羅縣(嘉義以北，包括整個台灣中北部廣大地區)已漢化民口數爲7,853人，已歸順未漢化番口數爲4,516人。所以，當時被清國所掌控的部分已歸順台灣平地原住民，才僅6萬多人。若要說有記錄的台灣平地原住民，單荷蘭據台時期，就已有近10倍之多。

其中最爲台灣文史學者故意忽略的是，荷、鄭、清侵台都是以當時的溪北(當時的曾文溪以北的部分大台南地區)及台灣縣爲根據地，以後才逐漸由此地區向全台擴張，所以台灣縣被強制漢化最早，也因而1686年的台灣府志(蔣志)中，台灣縣全體被掌控人口皆是民(所謂的說漢語漢化民)，已經沒有「已歸順未漢化番口數」，僅載有「續招徠1,496人」(指3年內續完成強制漢化1,496人後，台灣縣內掌控得到的人口，已經全數完成強制漢化)。事實上，荷蘭據台末期，單荷蘭人就記載，這區域住有十萬的台灣平地原住民。而且時至今日，當時台灣縣轄區內，自知、並承認自己是台灣平地番，但官方文件卻一直記載著「福」的民，現在至少還有上萬人，不知台灣文史學者對自己的堅持是「移民後代」又要如何自圓其說？

到了1730年，亦即雍正8年，5月24日，南澳總兵許良彬的奏摺說：「台灣番社新舊歸化內附戶口，不下貳、參萬社，每社男婦老幼多至壹、貳百人，少亦不外數十眾。」依此奏摺，光是已接受管轄的台灣原住民至少有60萬人，尚未接受管轄的台灣人又有多少呢？所以，只要是明眼人，一看即知，這17世紀原本僅有6萬多的人口計數，到18世紀中的60來萬台灣人口計數，是漢化民口數與漢化中番口數的急遽增加。這些人口計數，都僅是表明被清國所掌控的部分已順服台灣人口數而已，所以才在前50年間暴增10倍。難道台灣聞達人士仍堅持這是漢人移墾所致？ 何況還有嚴厲執行的「渡台禁令」！

所以，只要比較一下1686年和1730年的清國記錄，被登錄的已掌控之台灣平地原住民人口，由17世紀的原本僅有6萬多人，至18世紀中增至60多萬人有何奇怪？那裡有移民存在的空間了？

再說，1756年(乾隆21年)的喀爾吉善奏摺，稱台灣住有「土著流寓并社番，男女老少計660,147人」。許良彬奏摺和喀爾吉善奏摺二者都沒說台灣有任何墾殖移民。土著指已被漢化的台灣人；流寓是受官方聘用或特准來台的漢人臨時人口；社番指接受管轄，但尚未完全漢化的台灣平地族人(尚未受到管轄的平地族人則未計入，山地居民因封山令而被忽視)。流寓另包括契約唐山人工匠(皆任滿遣返)；以及爲生產特定農產品供應中國而特許入台的短期農作物契作人員(贌商)。這時已又經過26年，請仔細想想，扣除自然人口增加率，這些唐山來的流寓人口能有幾人？何況他們又都必須在三年內遣返！

　　這就是17、18世紀中，台灣人口眞相的證據，那來的移民？

第四章

日本據台時期
台灣那來的漢人？

多位台灣文史學者對筆者提出反駁，質問說：「日本據台時期，台灣住民被分爲『廣』、『福』、『熟』、『生』。『廣』、『福』都是漢人，且有三、四百萬人之多，你竟然敢說『原台灣人都不是漢人後代』，這是『睜眼說瞎話』！」

筆者回答：「你們都是台灣文史專門學者，且是教授級的，不應該只知死讀早期台灣閏達假漢人和蔣幫中國壓霸集團的僞造文書。日本據台時期的原始文書資料現在都還查得到，懇請撥個空去仔細瞧瞧，就知道誰才是眞正在『睜眼說瞎話』。」

眞相是：

1895年，日本從清國手中奪取台灣，接收滿清官府的戶籍文書。滿清官府戶籍文書記錄，台灣人都註明是「漢化民」熟番及生番，日本據台當局初期並不知清國是以封山令忽視台灣山地住民。滿清官府戶口文書僅「封山令」最後所劃的「土牛紅線」(或稱「隘勇線」)內有留下完整的戶口資料，「隘勇線」外平地住民只有番社名和部分簡單敘述，山地住民則幾乎沒有任何資料。所以日本據台的前半期，也跟著清國據台文書，稱「隘勇線」內「漢化民」為本島人熟番；稱「隘勇線」外平地住民為生番。

到了1918年，日本據台當局清查山地區域住民告一段落，才發覺若繼續跟著清國以「生番」稱「隘勇線」外的台灣平地住民，那該怎麼稱台灣山地住民呢？所以這時才把所有平地人口改稱為「本島人」；「生番」則改為專稱山地住民。

1912年(大正元年)台灣平地人口大約統計完成，台灣平地住民總人口數共333萬2千人，其中熟番321萬人，生番12萬2千人，「生番」是指隘勇線(延用自清國封山令的土牛紅線)外的平地番社人口；「熟番」是指隘勇線內，生活語言已漢化，居住地已有街、坊、村、里名稱的人口。曾被封山令圍困，與外界隔離200多年的各族高山住民則尚未計入。

日本據台之初，因台灣山地險峻，日本據台當局仍延用清國據台時期「封山令」最後所劃的「土牛紅線」，稱「隘勇線」，將台灣分為已漢化區和未漢化區。越過「隘勇線」進入未漢化區時，因為不如已漢化區有清國留下的完整戶口資料，必須重新調查戶口、整理戶籍，都是緩緩前進。要侵入陌生的山地(清國幾無任何資訊)，更是保持謹慎。所以，日本據台的前半期，對台灣人口的統計都僅平地才有公佈較詳細的資料。

由於隘勇線外平地番社屬偏遠地區，調查進度較緩慢，逐年有再調查出之新番社與新戶口加入。且因日本當局派台人員雖懂漢文，但語言不通，僅能借助台灣諂媚人士(都是清據時期的聞達假漢人)筆談翻譯，早期偶有是否為未漢化番社之判別上的認知失誤，所以，平地番社(當時所謂的生蕃)的認定一直在修正。生番、熟番、漢化番的人口也持續有變動。

日本據台時，不論客家語系或福佬語系，全部台灣住民都知道自己是台灣原住民(番)，日本據台當局的戶政機關做戶口、人口統計時，都記為「番」。於1905年，日本據台當局為方便管理，才再依被清國強制訓化後，當時已養成唐山化生活語言的熟番本島人，分別加註為「廣」(客家語系)與「福」(福佬語系)；已略懂客家話或福佬話的隘勇線外平地番社住民就記為「熟」；部分堅持拒絕漢化的平地番社住民記爲「生」。但日本據台當局的戶政機關做戶口、人口統計時，有「廣」、「福」註記的人口仍歸類爲本島人熟蕃；記爲「熟」、「生」的隘勇線外平地番社住民仍歸類爲生番，直到1916年。

1905年的同時，需要言語溝通的執行管理機關(軍、警及地理、民情、人文、風俗等調查系統)，則借用戶政機關的「廣」、「福」、「熟」、「生」註記，開始另依個人「主要常用語言」和「懂第二種語言」做分別的人口統計。資料內「常用語言漢人系」指的是「說、用漢語文之人」；「常用語言漢人系」類別中的所謂福建、廣東與其他，「常用語言福建系」指的是「說福建話之人」(日本人誤以爲福建語言只有福佬話)；「常用語言廣東系」指的是「說廣東話之人」(日本人誤以爲客家話是廣東話)；「常用語言其他系」指的是「說其他漢語之人」；「常用語言熟蕃系」是指「略懂客家話或福佬話之人」；「常用語言生蕃系」是指「只能使用其部落語言之人」，以利需要溝通時的辨別。

於是，同一個日本據台當局，就出現了兩種不同的人口分類和統計。

直到1918年，日本據台當局已把山地番社人口詳細整理出來，才把台灣平地番社人口併入「本島人」統計中。此時也就以「生蕃」專稱「山地番社人口」。於是，1918年日本據台當局才表列各年的山地番社人口數，也才以「本島人」計算全部台灣平地人口。

圖1. 是1901 年的台灣地圖，標示當時日據「隘勇線」，它分隔著「日本完全掌握溝通、管理之平地住民區域」與「尚未能完全溝通、管理之台灣平地住民領域」。(“Formosa from the latest Japanese government surveys.” 1901. Map in James W. Davidson, *The Island of Formosa, Past and Present*, London/New York, Macmillan , 1903.)

圖2. 是1916 年的台灣地圖，較模糊，但仍可和圖1. 做比較，可看出日本據台當局對所謂隘勇線外平地番社(尚未能完全溝通、管理) 之認定的持續變動。

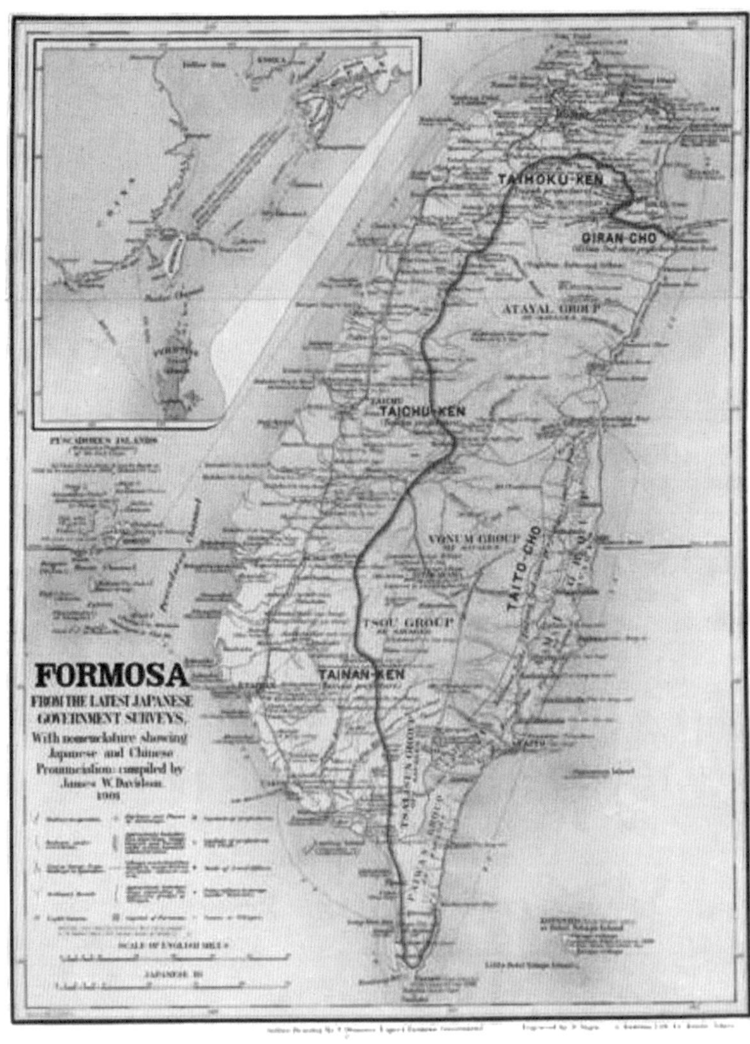

圖1. 1901 年日據「隘勇線」

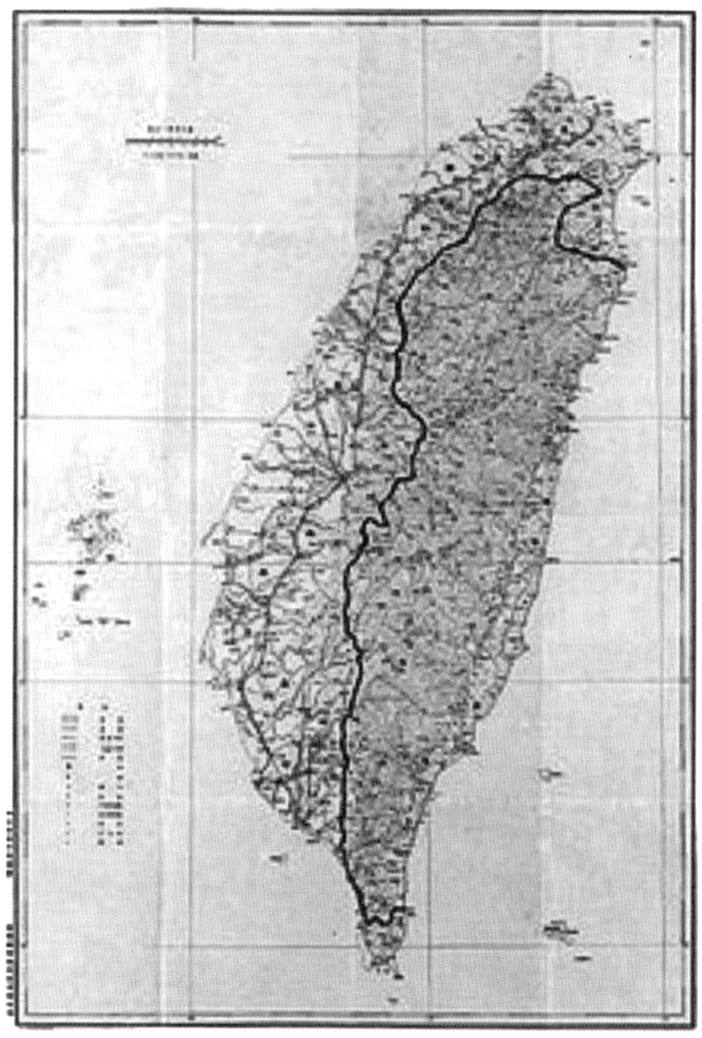

圖2. 1916 年日據「隘勇線」

1730年清國記載「台灣平地番社有2萬多社，經強制漢化，至1894年台灣平地番社僅剩數百社。以下是日本據台時期隘勇線外台灣平地番社人口的統計資料。(當時所謂生番)

1897年(明治30年)	番社人口計	22,393戶	82,100人
1898年(明治31年)	生番社人口	卻計僅15,698戶	76,663人
1899年(明治32年)	生番社人口計	568社有19,960戶	99,332人
1900年(明治33年)	生番社人口計	569社卻僅18,482戶	95,597人
1901年(明治34年)	生番社人口計	618社卻僅18,424戶	94,315人
1902年(明治35年)	生番社人口計	僅614社卻有18,776戶	97,950人
1903年(明治36年)	生番社人口計	719社有20,208戶	102,979人
1904年(明治37年)	生番社人口計	僅690社卻有20,452戶	104,334人
1905年(明治38年)	平地番社計	705社有22,002戶	113,195人

(明治38年以前的山地番社人口並未有效統計，明治38年以後，山地番社計數人口併入本島人之人口統計，平地番社人口仍以生番之名保持獨立統計。)

1906年(明治39年)	平地番社計	723社卻僅21,865戶	113,163人
1907年(明治40年)	平地番社僅計	711社卻有22,039戶	115,245人
1908年(明治41年)	平地番社計	僅671社卻有 22,293戶	120,254人

1909年(明治42年)　平地番社計　683社卻僅22,097戶　而有121,981人

1910年(明治43年)　平地番社計僅662社21,974戶　卻有122,106人

1911年(明治44年)　平地番社計僅646社21,744戶　有121,959人

1912年(大正元年)　平地番社計　654社21,914戶　有122,736人

1913年(大正2年)　平地番社計僅622社卻有 22,198戶　125,283人

1914年(大正3年)　平地番社計　672社22,705戶　有129,715人

1915年(大正4年)　平地番社計　680社22,829戶　有132,279人

1916年(大正5年)　平地番社計　僅669社22,811戶　卻已有132,924人

1917年(大正6年)　平地番社計　僅665社22,724戶　卻已有134,023人

1918年(大正7年)　平地番社計　677社22,735戶　卻僅有133,119人

1919年(大正8年)　平地番社計　682社卻僅22,461戶　129,977人

1920年(大正9年)　平地番社計　697社卻僅22,418戶　130,310人

1921年(大正10年)　平地番社計　705社22,520　有131,609人

1922年(大正11年)　平地番社計　714社22,524戶　有132,000人

1923年(大正12年)　平地番社計　719社22,568戶　有134,420人

1924年(大正13年)　平地番社計　僅716社卻有22,674戶已有135,721人

1925年(大正14年)　平地番社計　716社有22,939戶　136,707人

1926年(昭和1年)　平地番社計　740社23,227戶　有138,627人

1927年(昭和2年)　平地番社計　僅739社卻有23,353戶已有139,327人

1928年(昭和3年)　平地番社計　僅730社卻有23,496戶　有139,243人

1929年(昭和4年)　平地番社計　僅720社卻有23,576戶已有140,169人

1930年(昭和5年)　平地番社計　僅711社卻有23,925戶已有140,553人

以上隘勇線外台灣平地番社人口的統計數字中，歷年平地番社數的增加，是新掌握之平地番社。平地番社數的減少，是部分舊記為生番的平地番社，被重新認定為已漢化區(隘勇線隨著變動)。平地番社人口的減少，是平地番社人口中原記為「熟」的，都依其能聽懂的語言改記為「廣」或「福」了。

1899年(明治32年)，自稱為或被日本據台當局認為是唐山人(或漢人)後裔的台灣人(都是如連横、連震東父子及黃朝琴等，因漢化深而變性，藉勾結漢人滿官欺壓同胞而得利的所謂士紳、阿舍【清末台灣巡撫劉銘傳〈清賦的12項建議〉】，自以為是高級人，不願和其他同胞一起被稱為番)才不到千人，到1912年(大正元年)卻突增至17,000人。日本據台時期記錄，持中國文件(護照)入台者，每年都是零星數，且多數有回中國，所以這些都是受惑虛榮的原台灣人，被當時日本統治當局歸為「外國人」，其他台灣住民都知道自己是番(原住民)。那有什麼漢人後裔於日本侵台時還留在台灣的？

後來直到1916年，仍把隘勇線外平地番社人口稱為生蕃。只有在以個人「常用語言」和「懂第二種語言」做分類統計時，才把「已略懂客家話或福佬話的平地番社人口」另以「常用語熟蕃系」做爲語言略可溝通的分類。

表1. 是1905年底，爲執行管理任務機關需要的台灣平地人口統計原件照相本，註明是以個人「主要常用語言」和「懂第二種語言」做分別的人口統計。資料內「常用語漢人系」指的是「說、用漢語文之人」；「常用語漢人系」類別中的所謂福建、廣東與其他，「常用語福建系」指的是「說福建話之人」(日本人誤以爲福建語言只有福佬話)；「常用語廣東系」指的是「說廣東話之人」(日本人誤以爲客家話是廣東話)；「常用語其他系」指的是「說其他漢語之人」。「常用語熟蕃系」是指「已略懂客家話或福佬話的平地番社人口」或「語言略可溝通的平地番社人口」。「常用語生蕃系」是指「僅懂得自己部落語言的平地番社人口」。

(因爲各照相本原件放入書中字體太小，故以重新打字顯示於後，以利辨認)

表1. 1905年台灣平地人口個人語言別統計(爲因應執行管理任務機關需要的台灣平地人口統計)

312　　　　　66 種族及體（總

種族及用語	總數	內地語	土語 總數	土語 福建語	土語 廣東語	土語 其他漢語	土語 蕃語	總數	韓語
總數 總數	3,157,339	68,138	3,079,737	2,635,506	395,729	545	47,957	9,440	27
總數 內地人	65,266	57,235	6,710	6,269	329	5	107	1,320	13
總數 本島人 總數	3,078,471	10,787	3,066,971	2,623,355	395,232	535	47,849	690	......
總數 本島人 漢人 總數	2,987,682	10,313	2,976,721	2,578,785	393,991	310	3,635	629	......
總數 本島人 漢人 福建	2,520,231	9,090	2,510,539	2,468,596	39,101	216	2,626	586	......
總數 本島人 漢人 廣東	466,769	1,199	465,554	109,780	354,845	6	923	13	......
總數 本島人 漢人 其他	682	24	628	409	45	88	86	30	......
總數 本島人 熟蕃	53,336	145	53,127	42,569	1,169	218	9,171	61	......
總數 本島人 生蕃	37,453	329	37,123	2,001	72	7	35,043	......	......
總數 外國人	13,602	116	6,056	5,882	168	5	1	7,430	14
常用語トシテ用ウル者 總數	3,035,674	57,626	2,973,017	2,564,920	364,692	160	43,245	5,008	12
常用語トシテ用ウル者 內地人	57,331	57,122	208	185	17	......	6	1	......
常用語トシテ用ウル者 本島人 總數	2,969,211	466	2,968,616	2,560,646	364,572	159	43,239	106	......
常用語トシテ用ウル者 本島人 漢人 總數	2,886,584	429	2,886,061	2,520,908	363,819	154	1,185	75	......
常用語トシテ用ウル者 本島人 漢人 福建	2,489,468	390	2,488,988	2,458,301	29,824	111	752	74	......
常用語トシテ用ウル者 本島人 漢人 廣東	396,610	39	396,568	62,212	333,961	1	394	......	......
常用語トシテ用ウル者 本島人 漢人 其他	506	......	505	390	34	42	39	1	......
常用語トシテ用ウル者 本島人 熟蕃	46,346	14	46,298	38,092	695	......	7,511	31	......
常用語トシテ用ウル者 本島人 生蕃	36,281	23	36,257	1,651	58	5	34,543	......	......
常用語トシテ用ウル者 外國人	9,132	38	4,193	4,089	103	1	......	4,901	12
副用語トシテ用ウル者 總數	121,665	10,512	106,720	70,586	31,037	385	4,712	4,432	15
副用語トシテ用ウル者 內地人	7,935	113	6,502	6,084	312	5	101	1,319	13
副用語トシテ用ウル者 本島人 總數	109,260	10,321	98,355	62,709	30,660	376	4,610	584	......
副用語トシテ用ウル者 本島人 漢人 總數	101,098	9,884	90,660	57,882	30,172	156	2,450	554	......
副用語トシテ用ウル者 本島人 漢人 福建	30,763	8,700	21,551	10,295	9,277	105	1,874	512	......
副用語トシテ用ウル者 本島人 漢人 廣東	70,159	1,160	68,986	47,568	20,884	5	529	13	......
副用語トシテ用ウル者 本島人 漢人 其他	176	24	123	19	11	46	47	29	......
副用語トシテ用ウル者 本島人 熟蕃	6,990	131	6,829	4,477	474	218	1,660	30	......
副用語トシテ用ウル者 本島人 生蕃	1,172	306	866	350	14	2	500	......	......
副用語トシテ用ウル者 外國人	4,470	78	1,863	1,793	65	4	1	2,529	2
用語別百分比例 總數 總數	100.0	100.0	100.0	100.0	100.0	100.0	100.0	100.0	100.0
用語別百分比例 總數 常用語	96.1	84.6	96.5	97.3	92.2	29.4	90.2	53.1	44.4
用語別百分比例 總數 副用語	3.9	15.4	3.5	2.7	7.8	70.6	9.8	46.9	55.6
用語別百分比例 內地人 總數	100.0	100.0	100.0	100.0	100.0	100.0	100.0	100.0	100.0
用語別百分比例 內地人 常用語	87.8	99.8	3.1	3.0	5.2	......	5.6	0.1	......
用語別百分比例 內地人 副用語	12.2	0.2	96.9	97.0	94.8	100.0	94.4	99.9	100.0
用語別百分比例 本島人 總數 總數	100.0	100.0	100.0	100.0	100.0	100.0	100.0	100.0	......
用語別百分比例 本島人 總數 常用語	96.5	4.3	96.8	97.6	92.2	29.7	90.4	15.4	......
用語別百分比例 本島人 總數 副用語	3.5	95.7	3.2	2.4	7.8	70.3	9.6	84.6	......
用語別百分比例 本島人 漢人 總數 總數	100.0	100.0	100.0	100.0	100.0	100.0	100.0	100.0	......
用語別百分比例 本島人 漢人 總數 常用語	96.6	4.2	97.0	97.8	92.3	49.7	32.6	11.9	......
用語別百分比例 本島人 漢人 總數 副用語	3.4	95.8	3.0	2.2	7.7	50.3	67.4	88.1	......
用語別百分比例 本島人 漢人 福建 總數	100.0	100.0	100.0	100.0	100.0	100.0	100,0	100.0	......
用語別百分比例 本島人 漢人 福建 常用語	98.8	4.3	99.1	99.6	76.3	51.4	28.6	12.6	......
用語別百分比例 本島人 漢人 福建 副用語	1.2	95.7	0.9	0.4	23.7	48.6	71.4	87.4	......
用語別百分比例 本島人 漢人 廣東 總數	100.0	100.0	100.0	100.0	100.0	100.0	100.0	100.0	......
用語別百分比例 本島人 漢人 廣東 常用語	85.0	3.3	85.2	56.7	94.1	16.7	42.7	......	......
用語別百分比例 本島人 漢人 廣東 副用語	15.0	96.7	14.8	43.3	5.9	83.3	57.3	100.0	......
用語別百分比例 本島人 漢人 其他 總數	100.0	100.0	100.0	100.0	100.0	100.0	100.0	100.0	......
用語別百分比例 本島人 漢人 其他 常用語	74.2	......	80.4	95.4	75.6	47.7	45.3	3.3	......
用語別百分比例 本島人 漢人 其他 副用語	25.8	100.0	19.6	4.6	24.4	52.3	54.7	96.7	......
用語別百分比例 本島人 熟蕃 總數	100.0	100.0	100.0	100.0	100.0	100.0	100.0	100.0	......
用語別百分比例 本島人 熟蕃 常用語	86.9	9.7	87.1	89.5	59.5	......	81.9	50.8	......
用語別百分比例 本島人 熟蕃 副用語	13.1	90.3	12.9	10.5	40.5	100.0	18.1	49.2	......
用語別百分比例 本島人 生蕃 總數	100.0	100.0	100.0	100.0	100.0	100.0	100.0	......	......
用語別百分比例 本島人 生蕃 常用語	96.9	7.0	97.7	82.5	80.6	71.4	98.6	......	......
用語別百分比例 本島人 生蕃 副用語	3.1	93.0	2.3	17.5	19.4	28.6	1.4	......	......
用語別百分比例 外國人 總數	100.0	100.0	100.0	100.0	100.0	100.0	100.0	100.0	100.0
用語別百分比例 外國人 常用語	67.1	32.8	69.2	69.5	61.3	20.0	......	66.0	85.7
用語別百分比例 外國人 副用語	32.9	67.2	30.8	30.5	38.7	80.0	100.0	34.0	14.3

一、用語數ハ常用語ト副用語トヲ總稱スルモノニシテ一人ニシテ常用語ト副用語トヲ併有スルモノハ各之ヲ一ト計算セ

二、副用語ハ二以上ノ副用語ヲ有スル者ニ在リテハ重ナル一ヲ取レリ

表1　1905年台灣平地人口個人語言別統計

種族及用語				總數	內地語	土語					總數	韓語
						總數	福建語	廣東語	其他漢語	蕃語		
總數	總數			3,157,339	68,138	3,079,737	2,635,506	395,729	545	47,962	9,437	27
總數	內地人			65,266	57,235	6,710	6,269	329	5	107	1,320	13
總數	本島人	總數		3,078,471	10,787	3,066,971	2,623,355	395,232	535	47,854	687	……
總數	本島人	漢人	總數	2,987,682	10,313	2,976,721	2,578,785	393,991	310	3,685	626	……
總數	本島人	漢人	福建	2,520,231	9,090	2,510,539	2,468,596	39,101	216	2,626	586	……
總數	本島人	漢人	廣東	466,769	1,199	465,554	109,780	354,845	6	928	10	……
總數	本島人	漢人	其他	682	24	628	409	45	88	86	30	……
總數	本島人	熟蕃		53,336	145	53,127	42,569	1,169	218	9,171	61	……
總數	本島人	生蕃		37,453	329	37,123	2,001	72	7	35,043	……	……
總數	外國人			13,602	116	6,056	5,882	168	5	1	7,430	14

種族及用語				總數	內地語	土語					總數	韓語
						總數	福建語	廣東語	其他漢語	蕃語		
常用語人數	總數			3,035,674	57,626	2,973,017	2,564,920	364,692	160	43,295	5,008	12
	內地人			57,331	57,122	208	185	17	……	6	1	……
	本島人	總數		2,969,211	466	2,968,616	2,560,646	364,572	159	43,289	106	……
		漢人	總數	2,886,584	429	2,886,061	2,520,903	363,819	154	1,235	75	……
			福建	2,489,468	390	2,488,988	2,458,301	29,824	111	752	74	……
			廣東	396,610	39	396,568	62,212	333,961	1	394	……	……
			其他	506	……	505	390	34	42	89	1	……
		熟蕃		46,346	14	46,298	38,092	695	……	7,511	31	……
		生蕃		36,281	23	36,257	1,651	58	5	34,543	……	……
	外國人			9,132	38	4,193	4,089	103	1	……	4,901	12

種族及用語				總數	內地語	土語					總數	韓語
						總數	福建語	廣東語	其他漢語	蕃語		
副用語人數	總數			121,665	10,512	105,765	70,586	31,037	385	4,712	4,504	15
	內地人			7,935	113	6,502	6,084	312	5	101	1,391	13
	本島人	總數		109,260	10,321	97,455	62,709	30,660	376	4,610	584	……
		漢人	總數	101,098	9,884	89,760	57,882	30,172	156	2,450	554	……
			福建	30,763	8,700	21,551	10,295	9,277	105	1,874	512	……
			廣東	70,159	1,160	68,086	47,568	20,884	5	529	13	……
			其他	176	24	123	19	11	46	47	29	……
		熟蕃		6,990	131	6,829	4,477	474	218	1,660	30	……
		生蕃		1,172	306	866	350	14	2	500	……	……
	外國人			4,470	78	1,808	1,793	65	4	1	2,529	2

種族及用語			總數	內地語	土語					總數	韓語
					總數	福建語	廣東語	其他漢語	蕃語		
常用語比例	總數	總數	100.0	100.0	100.0	100.0	100.0	100.0	100.0	100.0	100.0
		常用語	96.1	84.6	96.5	97.3	92.2	29.4	90.2	53.1	44.4
		副用語	3.9	15.4	3.5	2.7	7.8	70.6	9.8	46.9	55.6
	內地人	總數	100.0	100.0	100.0	100.0	100.0	100.0	100.0	100.0	100.0
		常用語	87.8	99.8	3.1	3.0	5.2	……	5.6	0.1	……
		副用語	12.2	0.2	96.9	97.0	94.8	100.0	94.4	99.9	100.0
	本島人 總數	總數	100.0	100.0	100.0	100.0	100.0	100.0	10.0	100.0	……
		常用語	96.5	4.3	96.8	97.6	92.2	29.7	90.4	15.4	……
		副用語	3.5	95.7	3.2	2.4	7.8	70.3	9.6	84.6	……

常用語比例	本島人	漢人	總數	總數	100.0	100.0	100.0	100.0	100.0	100.0	100.0	100.0	……
				常用語	96.6	4.2	97.0	97.8	92.3	49.7	32.6	11.9	……
				副用語	3.4	95.8	3.0	2.2	7.7	50.3	67.4	88.1	……
			福建	總數	100.0	100.0	100.0	100.0	100.0	100.0	100.0	100.0	……
				常用語	98.8	4.3	99.1	99.6	76.3	51.4	28.6	12.6	……
				副用語	1.2	95.7	0.9	0.4	23.7	48.6	71.4	87.4	……
			廣東	總數	100.0	100.0	100.0	100.0	100.0	100.0	100.0	100.0	……
				常用語	85.0	3.3	85.2	56.7	94.1	16.7	42.7	……	……
				副用語	15.0	96.7	14.8	43.3	5.9	83.3	57.3	100.0	……
			其他	總數	100.0	100.0	100.0	100.0	100.0	100.0	100.0	100.0	……
				常用語	74.2	……	80.4	95.4	75.6	47.7	45.3	3.3	……
				副用語	25.8	100.0	19.6	4.6	24.4	52.3	54.7	96.7	……

常用語比例	本島人	熟蕃	總數	100.0	100.0	100.0	100.0	100.0	100.0	100.0	100.0	……
			常用語	86.9	9.7	87.1	89.5	59.5	……	81.9	50.8	……
			副用語	13.1	90.3	12.9	10.5	40.5	100.0	18.1	49.2	……
		生蕃	總數	100.0	100.0	100.0	100.0	100.0	100.0	100.0	……	……
			常用語	96.9	7.0	97.7	82.5	80.6	71.4	98.6	……	……
			副用語	3.1	93.0	2.3	17.5	19.4	28.6	1.4	……	……
	外國人		總數	100.0	100.0	100.0	100.0	100.0	100.0	100.0	100.0	100.0
			常用語	67.1	32.8	69.2	69.5	61.3	20.0	……	66.0	85.7
			副用語	32.9	67.2	30.8	30.5	38.7	80.0	100.0	34.0	14.3

一、用語數係常用語與副用語之總稱，一人併用常用語與副用語者，個別計算之。

二、副用語有二種以上者，重覆計列。

下列表2. 是1906年底戶政機關的台灣平地人口男女比例統計原件照相本，只有本島人(熟番)與生番。

第三五　現住人口體性別比例

明治三十九年十二月三十一日

統計區	廳	男百ニ付女 內地人	本島人	生蕃	外國人
北區	臺北	七四·三一	九〇·八〇	—	五·六九
	基隆	五七·五四	八二·四五	—	二·三五
	宜蘭	五六·三八	八九·二七	一〇八·九〇	一三·七一
	深坑	三三·三三	八三·七〇	一〇四·九三	三·三三
	桃園	六六·〇八	九二·七九	一〇六·六一	七·〇一
	新竹	七〇·一八	九三·四三	一〇一·〇一	一四·七七
	計	六七·四四	九〇·一四	一〇五·四〇	五·五七
中區	苗栗	五二·九九	九二·五九	一〇〇·六四	五·九三
	臺中	六四·八一	八七·〇九	一〇〇·〇七	九·〇二
	彰化	六一·三〇	八六·四二	—	一五·八三
	南投	六三·八八	八四·八六	九一·〇九	—
	斗六	五一·三〇	八七·五五	八八·四二	四·九〇
	計	五七·九四	八七·六七	九二·三一	九·三四
南區	嘉義	六八·三一	八七·〇八	九一·五八	七·七九
	鹽水港	五八·八五	八七·八七	—	三〇·四三
	臺南	七二·七七	八九·三八	—	七·九四
	蕃薯藔	三一·二二	九五·〇〇	九六·七六	九·〇九
	鳳山	六三·四三	九〇·三四	—	八·九六
	阿緱	五四·七六	九六·三四	九三·九五	二·三三
	恒春	五一·六七	九四·八八	九〇·七九	八·八二
	計	六三·五五	九〇·一一	九三·二七	七·九九
東區	臺東	三二·二七	九五·二二	九八·七三	八·〇〇
西區	澎湖	六八·二五	一〇九·五〇	—	—
總計		六三·八五	八九·七五	九七·二二	六·二〇
明治三十八年		六五·九六	八九·七二	九七·四七	六·五三
同三十七年		六六·四三	八七·一一	九六·二一	五·五三
同三十六年		六四·六六	八六·六〇	九四·六六	七·五八
同三十五年		六三·六七	八六·〇七	九五·八三	三·七七
同三十四年		五七·三七	八五·四〇	九四·八二	五·八八

表2 1906年戶政機關台灣平地人口男女比例統計

第35　現住人口男女性別比例　　明治39年12月31日					
統計區	廳	女對男百分比			
		內地人	本島人	生蕃	外國人
北區	臺北	74.31	90.80	—	5.69
	基隆	57.54	82.45	—	2.35
	宜蘭	56.38	89.27	108.90	13.71
	深坑	33.33	83.70	104.93	3.33
	桃園	66.08	92.79	106.61	7.01
	新竹	70.18	93.43	101.01	14.77
	計	67.44	90.14	105.40	5.57
中區	苗栗	52.99	92.59	100.64	5.93
	臺中	64.81	87.09	100.07	9.02
	彰化	61.30	86.42	—	15.83
	南投	63.88	84.86	91.09	—
	斗六	51.30	87.55	88.42	4.90
	計	57.94	87.67	92.31	9.34
南區	嘉義	68.31	87.08	91.58	7.79
	鹽水港	58.85	87.87	—	30.43
	臺南	72.77	89.38	—	7.94
	蕃薯	31.22	95.00	96.76	9.09
	鳳山	63.43	90.34	—	8.96
	阿緱	54.76	96.34	93.95	2.33
	恒春	51.67	94.88	90.79	8.82
	計	63.55	90.11	93.27	7.99
東區	臺東	32.27	95.22	98.73	8.00
西區	澎湖	68.25	109.50	—	—
總計		63.85	89.75	97.22	6.20
明治38年		65.96	89.72	97.47	6.53
同　37年		66.43	87.11	96.21	5.53
同　36年		64.66	86.60	94.66	7.58
同　35年		63.67	86.07	95.83	3.77
同　34年		57.37	85.40	94.82	5.88

圖3. 是1915年6月28日 (即日本統治20年後)的日本台灣日日新報刊登新聞報導的照相本。

◎臺灣發達比較

臺灣改隸以來。迄今閱二十年。此間駸々發達。今昔迥異。判若霄壤。玆將一部分。統計比較如左。

▲人口　內地人　二十九年一萬人、現在十三萬人▲熟蕃　二十九年二百五十七萬人大正元年三百二十一萬人▲生蕃三十年八萬二千人、大正元年十二萬二千人▲外國人（首爲支那人）三十二年一千人大正元年一萬七千人

▲田園　田地　三十二年二十一萬一千町步、大正元年三十四萬六千町步▲園地　三十二年十五萬一千町步、大正元年三十六萬四千町步

▲貿易　外國部　二十九年二千萬圓、大正元年三千四百萬圓　▲內地部

圖3. 1915年6月28日台灣日日新報。

此內地人是指本土日本人，二十九年爲明治29年即1896年。大正元年(1912年)時熟蕃人口321萬人。此時雖早已於1905年就一直有將台灣戶口加註語言別的「廣」、「福」及「熟」、「生」，但1912年人口統計時，仍以本島人熟蕃計數有「廣」、「福」註記的人口，隘勇線外平地番社人口的「熟」、「生」註記仍是以生蕃統計。人種被認爲是漢人或自稱漢人後裔的，另以「清國人」稱之，歸入外國人。

下列表3. 是1906年台灣局部現住人口統計原件的照相本，自稱是漢人或是唐山人後裔者被稱清國人。

表3 1906年戶政機關台灣平地現住人口統計

現住戶數及人口									
官署別	現住戶數								
					本籍				
	內地人	本島人	清國人	計	男	女	內地人		
							男	女	
直轄	1,993	4,770	58	6,821	9,789	8,978	3,296	2,427	
水返脚	55	5,734	1	5,790	16,247	13,854	74	47	
頂雙溪	344	4,656	14	5,014	14,283	11,371	439	246	
瑞芳	627	2,373	42	3,042	5,344	4,577	1,440	713	
金包里	28	3,599	2	3,629	10,806	8,851	34	31	
總計	3,047	21,132	117	24,296	56,469	47,631	5,283	3,464	
明治38年	2,150	20,734	—	22,884	55,298	46,537	4,158	2,888	
同37年	1,423	19,147	—	20,570	56,375	45,807	4,950	3,382	
同36年	1,098	17,670	—	18,768	53,336	44,207	4,775	2,607	
同35年	977	17,383	—	18,360	53,621	43,237	4,168	2,479	

現住人口								
寄留				合計			男對女百分比	平均一戶人口
本島人		清國人		男	女	計		
男	女	男	女					
2,099	670	320	52	15,504	12,127	27,631	127.3	4.3
654	334	7	—	16,982	14,235	31,217	119.3	5.4
490	166	19	—	15,231	11,783	27,014	129.2	5.4
973	434	236	14	7,993	5,738	13,731	138.3	4.3
412	115	10	—	11,262	8,997	20,259	114.1	5.6
4,628	1,719	592	66	66,972	52,880	119,852	126.6	4.9
4,790	1,923	—	—	64,246	51,348	115,594	125.1	5.1
2,044	808	—	—	64,369	49,997	114,366	128.7	5.6
669	349	—	—	59,100	47,183	106,263	125.3	5.7
837	286	—	—	58,626	46,002	104,628	127.4	5.7

表3. 1906年戶政機關台灣平地現住人口統計

第二九 現住戸數及人口

戸口

官署別	現住戸數 內地人	現住戸數 本島人	現住戸數 清國人	現住戸數 計	現住人口 本籍 男	現住人口 本籍 女	寄留 內地人 男	寄留 內地人 女	寄留 本島人 男	寄留 本島人 女	寄留 清國人 男	寄留 清國人 女	合計 男	合計 女	合計 計	女百人ニ對スル男	平均一戸ノ人口
直轄	一,九九三	四,七七〇	五八	六,八二一	九,七八九	八,九七八	三,二九六	二,四二七	二,〇九九	六七〇	三二〇	五三	一五,五〇四	一二,一二七	二七,六三一	一二七.八	四.三
水返脚	五五	五,七三四	一	五,七九〇	一六,二四七	一三,八五四	七四	四七	八五四	三三四	七	—	一六,九八二	一四,二三五	三一,二一七	一一九.三	五.四
頂雙溪	三四四	四,六五六	一四	五,〇一四	一四,二八三	一一,三七一	四三九	二三六	二九〇	一六六	一九	—	一五,二三一	一一,七八三	二七,〇一四	一二九.二	五.四
瑞芳	六二七	二,三七三	四二	三,〇四二	五,三四四	四,五七七	一,四四〇	七一三	九七三	四三四	二三六	一三	七,九九三	五,七三八	一三,七三一	一三九.三	四.五
金包里	二八	三,五九九	二	三,六二九	一〇,八〇六	八,八五一	三四	三一	四一二	一一五	一〇	—	一一,二六二	八,九九七	二〇,二五九	一二五.二	五.六
總計	三,〇四七	二一,一三二	一一七	二四,二九六	五六,四六九	四七,六五一	五,二八三	三,四五四	四,六二八	一,七一九	五九二	六六	六六,九七二	五二,八八〇	一一九,八五二	一二六.六	四.九
明治三十八年	二,一三〇	二〇,七三四	—	二二,八八四	五五,二八八	四六,五三七	四,一五八	二,八八八	二,七九〇	一,九二三	—	—	六四,二四六	五一,三四八	一一五,五九四	一二五.一	五.一
同三十七年	一,四二三	一九,一四七	—	二〇,五七〇	五六,三三五	四三,八〇七	三,九五〇	三,三八二	二,〇四四	八〇八	—	—	六四,三六九	四九,八九七	一一四,二六六	一二八.七	五.六
同三十六年	一,〇九八	一七,六七〇	—	一八,七六八	五五,三五六	四四,二〇七	四,七七五	二,六〇七	六六九	三四九	—	—	五九,一〇〇	四七,一六三	一〇六,二六三	一二五.三	五.七
同三十五年	九七七	一七,三八三	—	一八,三六〇	五三,六二一	四三,二三七	四,一六八	二,四七九	八三七	二八六	—	—	五八,六二六	四六,〇〇二	一〇四,六二八	一二七.四	五.七

下列表4. 是1912年戶政機關台灣現住人口統計原件的照相本，還是只有本島人(熟番)與生番。表下說明：明治38年(1905年)以後，行政區域內的山地生蕃住民包含在本島人中計算，以下有出現本島人的列表皆循此例。表中另列「生蕃」乃是延續舊慣例，是指隘勇線外平地番社之人口。

第三　戶口

靜態

第四三表　靜態累年比較ノ一（實數）　各年十二月三十一日

年	內地人 男	內地人 女	內地人 計	本島人 男	本島人 女	本島人 計
明治三十三年	24 467	13 487	37 954	1 463 556	1 243 766	2 707 322
同　三十四年	26 762	15 354	42 116	1 504 107	1 284 526	2 788 633
同　三十五年	28 755	18 307	47 062	1 534 455	1 320 629	2 855 084
同　三十六年	30 939	20 005	50 944	1 538 952	1 332 689	2 871 641
同　三十七年	32 064	21 301	53 365	1 558 420	1 357 564	2 915 984
同　三十八年	35 923	23 695	59 618	1 570 239	1 408 779	2 979 018
同　三十九年	43 358	27 682	71 040	1 580 603	1 418 611	2 999 214
同　四十年	47 671	30 254	77 925	1 589 469	1 429 933	3 019 402
同　四十一年	50 397	32 932	83 329	1 596 282	1 440 573	3 036 855
同　四十二年	52 768	35 928	88 696	1 608 348	1 456 569	3 064 917
同　四十三年	58 580	39 468	98 048	1 626 338	1 479 885	3 106 223
同　四十四年	65 158	44 628	109 786	1 652 687	1 510 100	3 162 787
大正元年	72 273	50 460	122 733	1 675 364	1 537 857	3 213 221

年	生蕃 男	生蕃 女	生蕃 計	外國人 男	外國人 女	外國人 計	合計 男	合計 女	合計 計
明治三十三年	49 413	46 184	95 597	4 932	303	5 235	1 542 368	1 303 740	2 846 108
同　三十四年	48 411	45 904	94 315	5 699	335	6 034	1 584 979	1 346 119	2 931 098
同　三十五年	50 018	47 932	97 950	4 486	169	4 655	1 617 714	1 387 037	3 004 751
同　三十六年	52 902	50 077	102 979	4 194	318	4 512	1 626 987	1 403 089	3 030 076
同　三十七年	53 174	51 160	104 334	5 694	315	6 009	1 649 352	1 430 340	3 079 692
同　三十八年	57 323	55 872	113 195	7 719	504	8 223	1 671 204	1 488 850	3 160 054
同　三十九年	57 378	55 785	113 163	9 690	601	10 291	1 691 029	1 502 679	3 193 708
同　四十年	58 533	56 812	115 345	10 509	797	11 306	1 706 172	1 517 796	3 223 968
同　四十一年	60 803	59 451	120 254	11 138	1 013	12 151	1 718 620	1 533 969	3 252 589
同　四十二年	61 507	60 474	121 981	12 361	1 231	13 592	1 734 984	1 554 202	3 289 186
同　四十三年	61 705	60 401	122 106	13 396	1 444	14 840	1 760 019	1 581 198	3 341 217
同　四十四年	61 680	60 279	121 959	14 527	1 779	16 306	1 794 052	1 616 786	3 410 838
大正元年	62 094	60 702	122 796	15 787	2 142	17 929	1 825 518	1 651 161	3 476 679

明治三十八年以降行政區域內ノ生蕃ハ本島人中ニ包含ス以下本島人ニ關スル諸表皆然リ

表4 1912年戶政機關台灣平地現住人口統計

歷年靜態比較之一（實數）　　　　各年十二月三十一日

年	內地人		
	男	女	計
明治三十三年	24 467	13 487	37 954
同　三十四年	26 762	15 354	42 116
同　三十五年	28 755	18 307	47 062
同　三十六年	30 939	20 005	50 944
同　三十七年	32 064	21 301	53 365
同　三十八年	35 923	23 695	59 618
同　三十九年	43 358	27 682	71 040
同　四 十 年	47 571	30 354	77 925
同　四十一年	50 307	32 032	82 339
同　四十二年	50 768	35 028	85 796
同　四十三年	58 580	39 468	98 048
同　四十四年	65 158	44 628	109 786
大 正 元 年	72 333	50 460	122 793

歷年靜態比較之一（實數）　　　　各年十二月三十一日

年	本島人		
	男	女	計
明治三十三年	1 463 556	1 243 766	2 707 322
同　三十四年	1 504 107	1 284 526	2 788 633
同　三十五年	1 534 455	1 320 629	2 855 084
同　三十六年	1 538 952	1 332 689	2 871 641
同　三十七年	1 558 420	1 357 564	2 915 984
同　三十八年	1 570 239	1 408 779	2 979 018
同　三十九年	1 580 603	1 418 611	2 999 214
同　四 十 年	1 589 469	1 429 933	3 019 402
同　四十一年	1 596 282	1 440 573	3 036 855
同　四十二年	1 608 348	1 456 569	3 064 917
同　四十三年	1 626 338	1 479 885	3 106 223
同　四十四年	1 652 687	1 510 100	3 162 787
大 正 元 年	1 675 364	1 537 857	3 213 221

歷年靜態比較之一（實數） 各年十二月三十一日

年	生蕃		
	男	女	計
明治三十三年	49 413	46 184	95 597
同　三十四年	48 411	45 904	94 315
同　三十五年	50 018	47 932	97 950
同　三十六年	52 902	50 077	102 979
同　三十七年	53 174	51 160	104 334
同　三十八年	57 323	55 872	113 195
同　三十九年	57 378	55 785	113 163
同　四十年	58 433	56 812	115 245
同　四十一年	60 803	59 451	120 254
同　四十二年	61 507	60 474	121 981
同　四十三年	61 705	60 401	122 106
同　四十四年	61 680	60 279	121 959
大正元年	62 034	60 702	122 736

歷年靜態比較之一（實數）　　　　各年十二月三十一日

年	外國人		
	男	女	計
明治三十三年	4 932	303	5 235
同　三十四年	5 699	335	6 034
同　三十五年	4 486	169	4 655
同　三十六年	4 194	318	4 512
同　三十七年	5 694	315	6 009
同　三十八年	7 719	504	8 223
同　三十九年	9 690	601	10 291
同　四 十 年	10 599	707	11 306
同　四十一年	11 138	1 013	12 151
同　四十二年	12 361	1 231	13 592
同　四十三年	13 396	1 444	14 840
同　四十四年	14 527	1 779	16 306
大 正 元 年	15 787	2 142	17 929

歷年靜態比較之一（實數）　各年十二月三十一日

年	合計		
	男	女	計
明治三十三年	1 542 368	1 303 740	2 846 108
同　三十四年	1 584 979	1 346 119	2 931 098
同　三十五年	1 617 714	1 387 037	3 004 751
同　三十六年	1 626 987	1 403 089	3 030 076
同　三十七年	1 649 352	1 430 340	3 079 692
同　三十八年	1 671 204	1 488 850	3 160 054
同　三十九年	1 691 039	1 502 679	3 193 718
同　四十年	1 706 172	1 517 796	3 223 968
同　四十一年	1 718 620	1 533 969	3 252 589
同　四十二年	1 735 984	1 554 202	3 290 186
同　四十三年	1 760 019	1 581 198	3 341 217
同　四十四年	1 794 052	1 616 786	3 410 838
大正元年	1 825 518	1 651 161	3 476 679

明治三十八年以降，行政區域內之生蕃涵蓋在本島人之中，以下有關本島人之表格皆同。

下列表5. 是1918年戶政機關台灣現住人口統計原件的照相本，此時隘勇線外平地番社人口已併入「本島人」統計中，也改以生蕃專稱山地番社人口。並列舉出歷年山地番社人口統計。表下說明：表中山地番社生蕃人口相較以往有時顯著減少的部分，追溯歷史原因，是明治38年(1905年)統計時，山地行政區域內的生蕃，時有重覆登錄之情形(明治38年以後，山地行政區域內的番社住民決定包含在本島人中計算。但仍有誤把一些已列入本島人中計數的部分山地番社住民，再計入獨立統計的山地番社住民之中)，故進行數量訂正。

第三 戶口

靜態

第四三表 靜態累年比較ノ一 (實數) 各年十二月三十一日

年	內地人			本島人		
	男	女	計	男	女	計
明治三十八年	35 923	23 695	59 618	1 570 239	1 408 779	2 979 018
同 三十九年	43 358	27 682	71 040	1 580 603	1 418 611	2 999 214
同 四十年	47 671	30 254	77 925	1 589 469	1 429 933	3 019 402
同 四十一年	50 397	32 932	83 329	1 596 282	1 440 573	3 036 855
同 四十二年	53 768	35 928	89 696	1 608 348	1 456 569	3 064 917
同 四十三年	58 580	39 468	98 048	1 626 338	1 479 885	3 106 223
同 四十四年	65 158	44 628	109 786	1 652 687	1 510 100	3 162 787
大正元年	72 333	50 460	122 793	1 675 364	1 537 857	3 213 221
同 二年	78 171	55 766	133 937	1 699 936	1 565 233	3 265 169
同 三年	82 319	59 516	141 835	1 718 835	1 588 467	3 307 302
同 四年	76 797	60 432	137 229	1 722 967	1 604 845	3 327 812
同 五年	79 200	63 252	142 452	1 729 648	1 619 387	3 349 035
同 六年	80 180	65 052	145 232	1 750 682	1 644 923	3 395 605
同 七年	81 772	67 059	148 831	1 757 498	1 655 916	3 413 414

年	生蕃			外國人			合計		
	男	女	計	男	女	計	男	女	計
明治三十八年	39 066	37 377	76 443	7 719	504	8 223	1 652 947	1 470 355	3 123 302
同 三十九年	38 969	37 192	76 161	9 690	601	10 291	1 672 620	1 484 086	3 156 706
同 四十年	39 586	38 064	77 650	10 599	797	11 396	1 687 325	1 499 048	3 186 373
同 四十一年	41 416	40 245	81 661	11 138	1 013	12 151	1 699 233	1 514 763	3 213 996
同 四十二年	41 357	40 231	81 588	12 361	1 231	13 592	1 715 834	1 533 959	3 249 793
同 四十三年	40 844	39 538	80 382	13 396	1 444	14 840	1 739 158	1 560 335	3 299 493
同 四十四年	40 825	39 566	80 391	14 527	1 779	16 306	1 773 197	1 596 073	3 369 270
大正元年	41 217	40 010	81 227	15 787	2 142	17 929	1 804 701	1 630 469	3 435 170
同 二年	42 260	41 643	83 903	16 701	2 463	19 164	1 837 068	1 665 105	3 502 173
同 三年	43 074	42 560	85 634	16 902	2 680	19 582	1 861 130	1 693 223	3 554 353
同 四年	43 474	43 102	86 576	15 180	3 045	18 225	1 858 418	1 711 424	3 569 842
同 五年	43 121	42 878	85 999	15 302	3 321	18 623	1 867 271	1 728 838	3 596 109
同 六年	43 385	43 094	86 479	15 583	3 630	19 213	1 889 830	1 756 699	3 646 529
同 七年	43 296	42 996	86 292	16 908	4 242	21 150	1 899 474	1 770 213	3 669 687

表中「生蕃」ノ從前所載ノ數ヨリ著シク減少セシハ行政區域内ノ生蕃チ重複揭上シアルチ發見シ明治三十八年ニ溯リ之チ訂正セシニ依ル

表5 1918年戶政機關台灣全島現住人口統計

歷年靜態比較之一（實數）　　　　各年十二月三十一日

年	內地人		
	男	女	計
明治三十八年	35 923	23 695	59 618
同　三十九年	43 358	27 682	71 040
同　四十年	47 671	30 254	77 925
同　四十一年	50 397	32 932	83 329
同　四十二年	53 768	35 928	89 696
同　四十三年	58 580	39 468	98 048
同　四十四年	65 158	44 628	109 786
大正元年	72 333	50 460	122 793
同　二年	78 171	55 766	133 937
同　三年	82 319	59 516	141 835
同　四年	76 797	60 432	137 229
同　五年	79 200	63 252	142 452
同　六年	80 180	65 052	145 232
同　七年	81 772	67 059	148 831

歷年靜態比較之一（實數）　　各年十二月三十一日

年	本島人		
	男	女	計
明治三十八年	1 570 239	1 408 779	2 979 018
同　三十九年	1 580 603	1 418 611	2 999 214
同　四 十 年	1 589 469	1 429 933	3 019 402
同　四十一年	1 596 282	1 440 573	3 036 855
同　四十二年	1 608 348	1 456 569	3 064 917
同　四十三年	1 626 338	1 479 885	3 106 223
同　四十四年	1 652 687	1 510 100	3 162 787
大正元　年	1 675 364	1 537 857	3 213 221
同　二　年	1 699 936	1 565 233	3 265 169
同　三　年	1 718 835	1 588 467	3 307 302
同　四　年	1 722 967	1 604 845	3 327 812
同　五　年	1 729 648	1 619 387	3 349 035
同　六　年	1 750 682	1 644 923	3 395 605
同　七　年	1 757 498	1 655 916	3 413 414

歷年靜態比較之一（實數）　　　　各年十二月三十一日

年	生蕃		
	男	女	計
明治三十八年	39 066	37 377	76 443
同　三十九年	38 969	37 192	76 161
同　四 十 年	39 586	38 064	77 650
同　四十一年	41 416	40 245	81 661
同　四十二年	41 357	40 231	81 588
同　四十三年	40 844	39 538	80 382
同　四十四年	40 825	39 566	80 391
大正元　年	41 217	40 010	81 227
同　二　年	42 260	41 643	83 903
同　三　年	43 074	42 560	85 634
同　四　年	43 474	43 102	86 576
同　五　年	43 121	42 878	85 999
同　六　年	43 385	43 094	86 479
同　七　年	43 296	42 996	86 292

歷年靜態比較之一（實數）　　各年十二月三十一日

年	外國人		
	男	女	計
明治三十八年	7 719	504	8 223
同　三十九年	9 690	601	10 291
同　四　十　年	10 599	797	11 396
同　四十一年	11 138	1 013	12 151
同　四十二年	12 361	1 231	13 592
同　四十三年	13 396	1 444	14 840
同　四十四年	14 527	1 779	16 306
大正元　年	15 787	2 142	17 929
同　二　年	16 701	2 463	19 164
同　三　年	16 902	2 680	19 582
同　四　年	15 180	3 045	18 225
同　五　年	15 302	3 321	18 623
同　六　年	15 583	3 630	19 213
同　七　年	16 908	4 242	21 150

歷年靜態比較之一（實數）　　　　各年十二月三十一日

年	年度別全部人口總數合計		
	男	女	計
明治三十八年	1 652 947	1 470 355	3 123 302
同　三十九年	1 672 620	1 484 086	3 156 706
同　四十年	1 687 325	1 499 048	3 186 373
同　四十一年	1 699 233	1 514 763	3 213 996
同　四十二年	1 715 834	1 533 959	3 249 793
同　四十三年	1 739 158	1 560 335	3 299 493
同　四十四年	1 773 197	1 596 073	3 369 270
大正元年	1 804 701	1 630 469	3 435 170
同　二年	1 837 068	1 665 105	3 502 173
同　三年	1 861 130	1 693 223	3 554 353
同　四年	1 858 418	1 711 424	3 569 842
同　五年	1 867 271	1 728 838	3 596 109
同　六年	1 889 830	1 756 699	3 646 529
同　七年	1 899 474	1 770 213	3 669 687

依從前表格所載之生蕃數顯著減少者，係發現行政區域內生蕃數複計，爰溯源訂正明治三十八年之統計。

去申請日治時代的戶籍謄本，且種族欄登記不是「清」、「支」、「滿」、「朝」……等等的外國寄留戶口，你就是台灣的原住民了。

有台北楊先生拿中國壓霸集團入侵台灣後陰狠僞造的文書再提出質疑，他說：「台灣省通志卷二人民志人口篇第二冊，民國61年6月30日由台灣省文獻委員會公告的資料，台灣的1915年熟番人口數爲47,676人，白紙黑字清清楚楚，埔農別信口雌黃，說什麼『1912年台灣平地原住民有熟番321萬人，生番12萬2千人』！」

筆者回答，事實是：

中國國民黨逃難、入侵到台灣後，爲了僞裝其統治的正當性，差遣其御用學者(黃典權等)，全面篡改、假造台灣歷史。台灣省文獻委員會的資料，多數是他們召集被洗腦的台灣聞達人士共同編纂的，那些資料有何可信度？這1915年報導的1912年台灣人口統計，是1915年6月28日台灣日日新報的照相本，是假不了的。何況，1915年台灣熟番人口數僅47,676人是絕不可能的。1730年清廷登記的已被漢化成所謂熟番就有至少60萬人。這台灣省文獻委員會公告的1915

年熟番人口數47,676人，其實是隘勇線外台灣平地番社中註記爲「熟」的人口數，同時間，隘勇線外台灣平地番社中註記爲「生」的僅有46,152人，而1915年隘勇線外台灣平地番社人口數有132,279人，這38,451人的缺口，正是已被改記爲「福」、「廣」的隘勇線外台灣平地番社人口。但不論註記爲「生」、「熟」或「福」、「廣」，隘勇線外台灣平地番社人口，在1915年人口統計時，全部是歸作「生番」。

表6. 是1916年隘勇線外平地番社戶口、人口統計表。表7. 是1916年本島人(熟蕃)與生蕃的人口統計表與百分比。只要比較表6. 和表7. ，就知道，直到1916年，日本統治當局的「蕃社」仍是指隘勇線外台灣平地番社，仍是稱隘勇線外台灣平地番社人口爲生蕃。再比較表5. 就知直到1918年，日本統治當局才有列出山地番社的統計，也才專稱山地番社人口爲生番。

第五二表　蕃社現住戶口ノ一（地方別）　大正五年十二月三十一日

廳	社數	戶數	人口			壯丁
			男	女	計	
臺北	4	98	244	220	464	110
宜蘭	22	905	2 198	2 365	4 563	1 094
桃園	47	1 215	3 310	3 773	7 083	1 838
新竹	51	1 032	2 598	2 591	5 189	1 365
臺中	9	295	616	656	1 272	345
南投	106	2 556	8 208	7 913	16 121	4 048
嘉義	17	122	777	715	1 492	407
阿緱	114	5 994	14 791	14 330	29 121	7 605
臺東	134	5 481	18 835	18 868	37 703	7 761
花蓮港	165	5 113	14 829	15 087	29 916	6 072
總計	669	22 811	66 406	66 518	132 924	30 645
大正四年	680	22 829	66 233	66 046	132 279	29 870
同　三年	672	22 705	65 121	64 594	129 715	30 171
同　二年	622	22 198	62 886	62 397	125 283	29 546
同　元年	654	21 914	62 034	60 702	122 736	29 270
明治四十四年	646	21 744	61 680	60 279	121 959	29 322

本表及次表ノ「壯丁」ハ「男」中ノ再揭ナリ

第五三表　蕃社現住戶口ノ二（種族別）　大正五年十二月三十一日

種族	社數	戶數	人口			壯丁
			男	女	計	
タイヤル	267	6 580	15 358	16 333	31 691	7 678
サイセツト	10	183	585	564	1 149	272
ブヌン	118	1 901	9 078	8 505	17 583	4 749
ツオオ	24	249	1 272	1 125	2 397	659
パイワン	176	8 731	20 996	20 835	41 831	10 104
アミ	67	4 862	18 349	18 479	36 828	6 819
ヤミ	7	305	768	677	1 445	364
總計	669	22 811	66 406	66 518	132 924	30 645

表6 1916年平地番社戶口、人口

蕃社現住户口之一（地方別）　　　　大正五年十二月三十一日

廳	社數	戶數	人口			壯丁
			男	女	計	
臺北	4	98	244	220	464	110
宜蘭	22	905	2 198	2 365	4 563	1 094
桃園	47	1 215	3 310	3 773	7 083	1 838
新竹	51	1 032	2 598	2 591	5 189	1 365
臺中	9	295	616	656	1 272	345
南投	106	2 556	8 208	7 913	16 121	4 048
嘉義	17	122	777	715	1 492	407
阿緱	114	5 994	14 791	14 330	29 121	7 605
臺東	134	5 481	18 835	18 868	37 703	7 761
花蓮港	165	5 113	14 829	15 087	29 916	6 072
總計	669	22 811	66 406	66 518	132 924	30 645
大正四年	680	22 829	66 233	66 046	132 279	29 870
同三年	672	22 705	65 121	64 594	129 715	30 171
同二年	622	22 198	62 886	62 397	125 283	29 546
同元年	654	21 914	62 034	60 702	122 736	29 270
明治四十四年	646	21 744	61 680	60 279	121 959	29 322

本表及次表之「壯丁」係屬男性

蕃社現住户口之二（種族別）　　大正五年十二月三十一日

種　族	社數	戶數	人口			壯丁
			男	女	計	
泰雅	267	6 580	15 358	16 333	31 691	7 678
賽夏	10	183	585	564	1 149	272
布農	118	1 901	9 078	8 505	17 583	4 749
鄒	24	249	1 272	1 125	2 397	659
排灣	176	8 731	20 996	20 835	41 831	10 104
阿美	67	4 862	18 349	18 479	36 828	6 819
雅美	7	305	768	677	1 445	364
總　計	669	22 811	66 406	66 518	132 924	30 645

第四五表　靜態總表ノ一（實數）　大正五年十二月三十一日

廳	內地人 男	內地人 女	內地人 計	本島人 男	本島人 女	本島人 計
臺北	29 095	24 957	54 052	243 408	222 529	465 937
宜蘭	2 585	1 799	4 384	74 232	67 941	142 173
桃園	1 516	1 060	2 576	117 825	112 614	230 439
新竹	3 292	2 542	5 834	164 377	162 205	326 582
臺中	7 202	5 812	13 014	305 177	281 877	587 054
南投	1 879	1 449	3 328	65 661	59 426	125 087
嘉義	7 741	5 875	13 616	287 345	262 580	549 925
臺南	12 193	10 028	22 221	281 651	263 955	545 606
阿緱	4 163	2 884	7 047	128 094	124 296	252 390
臺東	1 479	973	2 452	18 164	17 385	35 549
花蓮港	7 040	4 810	11 850	17 527	15 442	32 969
澎湖	1 015	1 063	2 078	26 187	29 137	55 324
總計	79 200	63 252	142 452	1 729 648	1 619 387	3 349 035

廳	生蕃 男	生蕃 女	生蕃 計	外國人 男	外國人 女	外國人 計	合計 男	合計 女	合計 計
臺北	244	220	464	9 587	1 761	11 348	282 334	249 467	531 801
宜蘭	2 198	2 365	4 563	187	41	228	79 202	72 146	151 348
桃園	3 310	3 773	7 083	250	32	282	122 901	117 479	240 380
新竹	2 598	2 591	5 189	606	216	822	170 873	167 554	338 427
臺中	616	656	1 272	784	236	1 020	313 779	288 581	602 360
南投	8 208	7 913	16 121	152	34	186	75 900	68 822	144 722
嘉義	777	715	1 492	699	150	849	296 562	269 320	565 882
臺南	……	……	……	1 964	639	2 603	295 808	274 622	570 430
阿緱	14 791	14 330	29 121	495	124	619	147 543	141 634	289 177
臺東	18 835	18 868	37 703	167	29	196	38 645	37 255	75 900
花蓮港	14 829	15 087	29 916	393	46	439	39 789	35 385	75 174
澎湖	……	……	……	18	13	31	27 220	30 213	57 433
總計	66 406	66 518	132 924	15 302	3 321	18 623	1 890 556	1 752 478	3 643 031

蕃地ニ於ケル各廳ノ區域ハ未タ判明セスト雖暫ク從前ノ例ニ依リテ「生蕃」ヲ掲上セリ以下蕃地ニ於ケル生蕃ニ關スル諸表皆同シ

第四六表　靜態總表ノ二（比例）　大正五年十二月三十一日

廳	現住人口百ニ付 內地人	現住人口百ニ付 本島人	現住人口百ニ付 生蕃	現住人口百ニ付 外國人	各種族別男百ニ付女 內地人	各種族別男百ニ付女 本島人	各種族別男百ニ付女 生蕃	各種族別男百ニ付女 外國人	各種族別男百ニ付女 計
臺北	10.17	87.61	0.09	2.13	85.78	91.42	90.16	18.37	88.36
宜蘭	2.90	93.94	3.01	0.15	69.59	91.53	107.60	21.93	91.09
桃園	1.07	95.86	2.95	0.12	69.92	95.58	113.99	12.80	95.59
新竹	1.72	96.51	1.53	0.24	77.22	98.68	99.73	35.64	98.06
臺中	2.16	97.46	0.21	0.17	80.70	92.37	106.49	30.10	91.97
南投	2.30	86.43	11.14	0.13	77.12	90.50	96.41	22.37	90.67
嘉義	2.41	97.18	0.26	0.15	75.89	91.38	92.02	21.46	90.81
臺南	3.90	95.64	……	0.46	82.24	93.72	……	32.54	92.84
阿緱	2.44	87.28	10.07	0.21	69.28	97.03	96.88	25.05	96.00
臺東	3.23	46.84	49.67	0.26	65.79	95.71	100.18	17.37	96.40
花蓮港	15.76	43.86	39.80	0.58	68.32	88.10	101.74	11.70	88.93
澎湖	3.62	96.33	……	0.05	104.73	111.27	……	72.22	111.00
總計	3.91	91.93	3.65	0.51	79.86	93.63	100.17	21.70	92.70

表7　1916年平地本島人與平地蕃社生蕃人口統計表與男女百分比

靜態總表之一（實數）　　　　大正五年十二月三十一日

廳	內地人		
	男	女	計
臺　北	29 095	24 957	54 052
宜　蘭	2 585	1 799	4 384
桃　園	1 516	1 060	2 576
新　竹	3 292	2 542	5 834
臺　中	7 202	5 812	13 014
南　投	1 879	1 449	3 328
嘉　義	7 741	5 875	13 616
臺　南	12 193	10 028	22 221
阿　緱	4 163	2 884	7 047
臺　東	1 479	973	2 452
花蓮港	7 040	4 810	11 850
澎　湖	1 015	1 063	2 078
總　計	79 200	63 252	142 452

靜態總表之一（實數）　　大正五年十二月三十一日

廳	本島人		
	男	女	計
臺　北	243 408	222 529	465 937
宜　蘭	74 232	67 941	142 173
桃　園	117 825	112 614	230 439
新　竹	164 377	162 205	326 582
臺　中	305 177	281 877	587 054
南　投	65 661	59 426	125 087
嘉　義	287 345	262 580	549 925
臺　南	281 651	263 955	545 606
阿　緱	128 094	124 296	252 390
臺　東	18 164	17 385	35 549
花蓮港	17 527	15 442	32 969
澎　湖	26 187	29 137	55 324
總　計	1 729 648	1 619 387	3 349 035

靜態總表之一（實數） 大正五年十二月三十一日

廳	生蕃		
	男	女	計
臺北	244	220	464
宜蘭	2 198	2 365	4 563
桃園	3 310	3 773	7 083
新竹	2 598	2 591	5 189
臺中	616	656	1 272
南投	8 208	7 913	16 121
嘉義	777	715	1 492
臺南	……	……	……
阿緱	14 791	14 330	29 121
臺東	18 835	18 868	37 703
花蓮港	14 829	15 087	29 916
澎湖	……	……	……
總計	66 406	66 518	132 924

靜態總表之一（實數）　　大正五年十二月三十一日

廳	外國人		
	男	女	計
臺北	9 587	1 761	11 348
宜蘭	187	41	228
桃園	250	32	282
新竹	606	216	822
臺中	784	236	1 020
南投	152	34	186
嘉義	699	150	849
臺南	1 964	639	2 603
阿緱	495	124	619
臺東	167	29	196
花蓮港	393	46	439
澎湖	18	13	31
總計	15 302	3 321	18 623

靜態總表之一（實數） 大正五年十二月三十一日

廳	合計		
	男	女	計
臺北	282 334	249 467	531 801
宜蘭	79 202	72 146	151 348
桃園	122 901	117 479	240 380
新竹	170 873	167 554	338 427
臺中	313 779	288 581	602 360
南投	75 900	68 822	144 722
嘉義	296 562	269 320	565 882
臺南	295 808	274 622	570 430
阿緱	147 543	141 634	289 177
臺東	38 645	37 255	75 900
花蓮港	39 789	35 385	75 174
澎湖	27 220	30 213	57 433
總計	1 890 556	1 752 478	3 643 034

各廳區域內尚未判明之蕃地，及依前例暫稱生蕃者，在以下蕃地有關生蕃諸表皆同。

靜態總表之二（比例）　　大正五年十二月三十一日

廳	現住人口百分比			
	內地人	本島人	生蕃	外國人
臺　北	10.17	87.61	0.09	2.13
宜　蘭	2.90	93.94	3.01	0.15
桃　園	1.07	95.86	2.95	0.12
新　竹	1.72	96.51	1.53	0.24
臺　中	2.16	97.46	0.21	0.17
南　投	2.30	86.43	11.14	0.13
嘉　義	2.41	97.18	0.26	0.15
臺　南	3.90	95.64	……	0.46
阿　緱	2.44	87.28	10.07	0.21
臺　東	3.23	46.84	49.67	0.26
花蓮港	15.76	43.86	39.80	0.58
澎　湖	3.62	96.33	……	0.05
總　計	3.91	91.93	3.65	0.51

靜態總表之二（比例）　　大正五年十二月三十一日

廳	各種族別女對男百分比				
	內地人	本島人	生蕃	外國人	計
臺北	85.78	91.42	90.16	18.37	88.36
宜蘭	69.59	91.53	107.60	21.93	91.09
桃園	69.92	95.58	113.99	12.80	95.59
新竹	77.22	98.68	99.73	35.64	98.06
臺中	80.70	92.37	106.49	30.10	91.97
南投	77.12	90.50	96.41	22.37	90.67
嘉義	75.80	91.38	92.02	21.46	90.81
臺南	82.24	93.72	……	32.54	92.84
阿緱	69.28	97.03	96.88	25.05	96.00
臺東	65.79	95.71	100.18	17.37	96.40
花蓮港	68.32	88.10	101.74	11.70	88.93
澎湖	104.73	111.27	……	72.22	111.00
總計	79.86	93.63	100.17	21.70	92.70

事實上，只要翻查1905年以前的日據時期人口統計文書，就知道台灣平地僅有本島人(熟番)與生番，並無所謂漢人。是1905年以後，日本統治當局爲方便管理，才再依當時個人已養成的語言，分別加註爲「廣」(客家語系)與「福」(福佬語系)。當時連橫等台灣聞達假漢人，延續清據時期勾結滿官，自抬身價，欺負同胞漁利的台奸惡習，已諂媚日人而在日本統治當局面前得勢。他們本著自清據時期以來，勾結唐山人滿官的「假高級」假漢人心態，說服日本統治當局承認其爲漢人。他們僞裝假漢人所持的證據，就是語文與生活習性，日本統治當局遂在1905年，索性就將已加註爲「廣」與「福」的原所謂熟番本島人，全歸類爲漢人語系。(是指使用漢人生活語言。意思是：你們這些台奸高興就好，只要你們繼續當我們走狗，對我們日本統治當局有何差別？又有什麼關係？不過，你們這些台奸「清國奴」竟妄想和你們同胞作區隔？才不能如你願呢！)甚至將能聽得懂客家話或福佬話之原註記「生蕃」人口都改記爲「廣」或「福」，也歸入爲所謂的「漢語系」了(表1.)。除了隘勇線外平地番社區內，因拒絕漢化而離群索居的人口保留「生」註記外，將隘勇線外平地番社人口中，只要稍微聽懂一些客家話或福佬話的原所謂「生蕃」

再記爲「熟」。但是，直到1916年統計人口時，仍以「本島人」稱隘勇線內熟番：以「生蕃」稱隘勇線外的全部平地番社人口(表7.)。1918年起，生蕃改指山地蕃社住民，隘勇線外平地番社人口則改列入本島人統計中(表5.)。

所以，明治41年(即1908年)調查出的平地番社人口(當時所謂生番)就已有120,254人，到了1915年調查出的平地番社更多了(有680社，22,829戶，132,279人)，被改記爲「熟」的卻僅有47,676人，仍被登記爲「生」的也僅有46,152人。這是因爲懂客家話或福佬話的番社人口也被登記爲「廣」或「福」了。

這時的台灣人全都記得，自己是完完全全的台灣原住民，跟唐山人一點關係也沒有。所以，這時的台灣人都叫連橫等那近千人的台灣假漢人爲「半山仔」，意思是：「你們既然要裝扮成假唐山人、假漢人，不知羞恥地自以爲高級，台灣人也就寧可不要你們了。但你們眞變成眞唐山人了嗎？不可能的，所以你們這些假唐山人，充其量只能叫作半唐山人，就簡稱『半山仔』。」日本據台時期那有什麼唐山人或漢人的後裔在台灣？即使至1970年，一般樸實的台灣人都是稱逃難來台的中國人爲「唐山人」，稱蔣幫中國壓霸集團為「阿山仔」，叫賣台假漢人作「半山仔」。

蔣幫中國壓霸集團的御用學者黃典權等人，對上述記錄與原由都清清楚楚，卻故意利用日本據台當局為因應執行管理機關需要，依個人「主要常用語言」和「懂第二種語言」做分別的人口分類，故意把資料內「『常用語言熟蕃系』(註記為『熟』)指『略懂客家話或福佬話之人』；『常用語言生蕃系』(註記為『生』)指『只能使用其部落語言之人』」改寫為「是戶政機關統計的族別分類」，謊說1915年被日本戶政機關記為「熟」的47,676人就是台灣平埔族僅有的人口數。現在的台灣聞達人士也胡里胡塗地跟著蔣幫中國壓霸集團胡言亂語，眞是亂七八糟。請對照蔣幫中國壓霸集團改寫的所謂日治時期戶口調查資料與日本原戶口調查報告，即可明白。

另有讀者戴先生舉出一個「台語與佛典部落格」之〈終結平埔族血統論的幾個流言〉，對筆者提出質疑。該部落格寫到：「95 年前的《臺灣日日新報》當然也會錯。尤其，當時報社人員得在夜晚時挑燈排鉛字，誤植的情況更是屢見不鮮」；「並非年代久遠的東西，就是可信的史料。運用史料之前，必須先檢查其可信度」；「日本人將臺灣原住民寫作『蕃』，絕對不會寫作『番』」；「本島人分成漢人、熟蕃、生蕃三種，而漢人又佔了本島人的 97.2%，怎麼能說只有八千多個清國人是漢人呢？」；「土著清國人的意思是以前居住在臺灣的清國人，與原住民一點關係都沒有。」

筆者回答：

首先，該部落格說：「95 年前的《臺灣日日新報》當然也會錯。尤其，當時報社人員得在夜晚時挑燈排鉛字，誤植的情況更是屢見不鮮」；「並非年代久遠的東西，就是可信的史料。運用史料之前，必須先檢查其可信度。」

非常正確！筆者一直抱持的態度是，看任何文書、報導或說法，都只能認知是「有此一說」。不可迷而信之，也不能意氣斷然加以否定，必須仔細查證所有相關資料，才能決定真偽。所以，筆者是翻查日本據台當局的原始戶口記錄文書後，才證實的。戴先生可查閱日本據台當局的原始戶口統計資料，就能知道何者是偽造的，是怎麼偽造的。另外，年代久遠的史料當然也不能冒然盡信，仍必須比對其他相關的證據資料，用以鑑定，才可確定。然而，近期編纂的文書若完全沒有史料證據做根據，那就更不可相信了！而且還必須追究其僞造假資料的居心和目的，才能避免繼續受騙。該部落格在質疑他人提出的證據時，爲什麼不也用同樣標準檢視一下自己的認知呢？

該部落格說：「日本人將臺灣原住民寫作『蕃』，絕對不會寫作『番』。」

是的，這「番」是筆者所寫，日本據台當局的原始資料都是寫作「蕃」。

該部落格再說：「本島人分成漢人、熟蕃、生蕃三種，而漢人又佔了本島人的 97.2%，怎麼能說只有八千多個清國人是漢人呢？」

這就有盲點了，是受騙了。日本據台當局之戶政機關的統計文書，本島人中並沒有所謂的「漢人」。而爲因應執行管理機關需要，依個人「主要常用語言」和「懂第二種語言」做分別的常用語言人口統計文書，才明白寫著，資料內「漢人系」類別中的所謂福建人系、廣東人系與其他之漢人系，是以其個人常用語言做分類的。「常用語漢人系」指的是「說、用漢語文之人」；「常用語福建人系」指的是「說福建話之人」(日本人誤以爲福建語言只有福佬話)；「常用語廣東人系」指的是「說廣東話之人」(日本人誤以爲客家話是廣東話)；「常用語其他之漢人系」指的是「說其他漢語之人」。戴先生只要查閱日本據台當局的原始戶口統計資料，比對其中「熟蕃、生蕃」、「漢人系、熟蕃系、生蕃系」的人口數變動過程，即可明瞭。1905年底日本據台當局已開始在戶口上加註「福」、「廣」、「熟」、「生」，但直到1916年，其戶口統計資料上，加註「福」、「廣」的人口仍歸類爲本島人熟蕃；已加註「熟」、「生」的隘勇線外蕃社人口仍歸類爲「生蕃」。請仔細看表6.、表7.。

至於該部落格又說：「土著清國人的意思是以前居住在臺灣的清國人，與原住民一點關係都沒有。」

請不要再引用中國壓霸集團的僞造文書，說是「土著清國人」，連日本據台當局的文件都沒這樣寫，是寫「土著本島人」。只有自稱或被認爲是漢人或是唐山人後裔者才被稱作「清國人」。日本人是不高興時，才對其台灣聞達假漢人走狗叫罵「清國奴」的。既然是清國人，又怎麼會是土著呢？請看表3. 表8.。

該部落格說：「土著本島人(「土著清國人」是莫名其妙的說法)與原住民一點關係都沒有。」請問，是根據那裡的證據他敢這樣講？怎可到今天還在跟隨中國壓霸集團，毫無根據就隨便胡說。還有，1730年的番社60萬平地原住民人口，至1756年(乾隆21年)的番社66萬平地原住民人口都那裡去了？別又要說是全跑進深山裡去了！別忘了清國有「封山令」，台灣山地也居住不了這麼多人！其實，直到1930年，日本據台當局，為因應執行管理機關需要的人口統計資料，仍都寫著是用「語系」作分類(請看表9.)。再說，林媽利教授(醫師)的血液學研究，已證實福佬語系台灣人(原註記為「福」)與所謂客家語系台灣人(原註記為「廣」)，在體質DNA上並無差異，都是台灣平地原住民特有的體質DNA。且這體質DNA與漢人是不同的，福佬語系台灣人(原註記為「福」)與所謂客家語系台灣人(原註記為「廣」)身上完全沒有漢人的特有基因，原台灣住民在體質DNA上並無混到漢人基因。這是現代科學的證據，也證明福佬語系台灣人與客家語系台灣人本來都是台灣平地原住民，是因為接受不同來源的唐山滿官所強制漢化，才被分化成兩個不同語言和習俗的區塊。所以，是「原台灣人與漢人(中國人)一點關係都沒有」才是事實！

以上資料都是筆者親自從日本據台當局的原始戶口文件中抄錄下來的，若有任何不完全相信筆者所述者(輕易信任某人的人格，或因信任某人的人格而盡信其言，確實都是件危險的事)，可親自再去查閱日本據台當局的原始戶口文件資料，定可明白。不過，可別又查到蔣幫壓霸集團所改寫的文書去了。

表8. 是1912年的戶口記錄照相本。日本據台當局是把自稱或被認爲是漢人或是唐山人後裔者才稱作「清國人」。

（〇一）

四　戶口

戶數及人口ノ一（直轄及支廳別）

大正元年十二月三十一日

直轄及支廳	戶數 內地人	戶數 本島人	戶數 清國人	戶數 計	人口 內地人 男	人口 內地人 女	人口 內地人 計	人口 本島人 男	人口 本島人 女	人口 本島人 計	人口 清國人 男	人口 清國人 女	人口 清國人 計	人口 合計
直轄	四五八	七,〇九四	一一	七,五六三	六三九	五〇二	一,一四一	二一,三三六	一八,五二七	三九,八六三	三二	一	三三	四一,〇三七
草鞋墩	三八	三,六一五	二	三,六五五	五九	四〇	九九	九,三六八	八,五一九	一七,八八七	八	一	九	一七,九九五
埔里社	四四二	三,六九九	四	四,一四五	五九五	三四四	九三九	一三,一四六	一一,九七四	二五,一二〇	一五	四	一九	二六,〇七八
集集	八五	一,〇八〇	一	一,一六六	一三九	一二四	二六三	三,一九四	二,八六九	六,〇六三	一三	四	一七	六,三四三
林圯埔	一二七	五,〇八七	一一	五,二二五	二八三	二一〇	四九三	一四,九六四	一三,一五八	二八,一二二	三三	九	四二	二八,六五七
計	一,一五〇	二〇,五七五	二九	二一,七五四	一,七一五	一,二二〇	二,九三五	六二,〇〇八	五五,〇四七	一一七,〇五五	一〇一	一九	一二〇	一二〇,一一〇

本表ノ累年比較左ノ如シ

年次	戶數 內地人	戶數 本島人	戶數 清國人	戶數 計	人口 內地人 男	人口 內地人 女	人口 內地人 計	人口 本島人 男	人口 本島人 女	人口 本島人 計	人口 清國人 男	人口 清國人 女	人口 清國人 計	人口 合計	指數
明治四十二年	五三四	一九,四一五	?	一九,九四九	一,一二〇	五四五	一,六六五	五九,一一四	五一,〇一七	一一〇,一三一	?	?	?	一一一,七九六	一〇〇
同四十三年	六三〇	一九,四四三	?	二〇,〇七三	一,〇七九	六四六	一,七二五	五九,九四五	五二,〇四七	一一一,九九二	?	?	?	一一三,七一七	一〇二
同四十四年	八八九	一九,六九六	一六	二〇,六〇一	一,三二〇	九〇七	二,二二七	六〇,八九九	五三,七〇二	一一四,六〇一	七三	一三	八六	一一六,九一四	一〇五
大正元年	一,一五〇	二〇,五七五	二九	二一,七五四	一,七一五	一,二二〇	二,九三五	六二,〇〇八	五五,〇四七	一一七,〇五五	一〇一	一九	一二〇	一二〇,一一〇	一〇七

表8 1912年部分地方的戶口、人口統計

（直轄及支廳別）　　大正元年12月31日

直轄及支廳	戶數				人口		
					內地人		
	內地人	本島人	清國人	計	男	女	計
直　轄	458	7,094	11	7,563	639	502	1,141
草鞋墩	38	3,615	2	3,655	59	40	99
埔里社	442	3,699	4	4,145	595	344	939
集　集	85	1,080	1	1,166	139	124	263
林圯埔	127	5,087	11	5,225	283	210	493
計	1,150	20,575	29	21,754	1,715	1,220	2,935

直轄及支廳	人口						合計
	本島人			清國人			
	男	女	計	男	女	計	
直　轄	21,336	18,527	39,863	32	1	33	41,037
草鞋墩	9,368	8,519	17,887	8	1	9	17,995
埔里社	13,146	11,974	25,120	15	4	19	26,078
集　集	3,194	2,869	6,063	13	4	17	6,343
林圯埔	14,964	13,158	28,122	33	9	42	28,657
計	62,008	55,047	117,055	101	19	120	120,110

（歷年比較）

年次	戶數				人口		
					內地人		
	內地人	本島人	清國人	計	男	女	計
明治四十二年	534	19,415	?	19,949	1,120	545	1,665
同四十三年	630	19,442	?	20,072	1,079	646	1,725
同四十四年	889	19,696	16	20,601	1,320	907	2,227
大正元年	1,150	20,575	29	21,754	1,715	1,220	2,935

年次	人口						合計	指數
	本島人			清國人				
	男	女	計	男	女	計		
明治四十二年	59,114	51,017	110,131	?	?	?	111,796	100
同四十三年	59,945	52,047	111,992	?	?	?	113,717	102
同四十四年	60,899	53,702	114,601	73	13	86	116,914	108
大正元年	62,008	55,047	117,055	101	19	120	120,110	107

表9. 是1930年，爲因應執行管理機關需要，依個人「主要常用語言」做分別的語系人口統計照相本。此時日本據台當局是以個人主要常用語系，分別做統計的人口數和所占比例。「漢人系」類別中的所謂福建、廣東與其他之漢人，是以其常用語言做分類的(日本人誤以爲福建語言只有福佬話，誤以爲客家話是廣東話)。而「蕃人系」類別中的「熟蕃」，是指「已略懂客家話或福佬話的番社人口」。此時不分平地與山地，皆以「熟蕃語系」專稱語言略可溝通的番社人口數。「生蕃語系」是指「只能使用其部落語言之人」。

12　種　族　系　統

種族系統		總數	臺北州	新竹州
總數	總數	4 592 537	913 531	664 711
總數	內地人系	228 276	101 166	11 983
總數	朝鮮人系	901	478	63
總數	漢人系 福建	3 469 837	768 285	237 115
總數	漢人系 廣東	648 700	11 143	397 970
總數	漢人系 其ノ他ノ漢人	235	29	2
總數	蕃人系 熟蕃	53 947	2 467	2 534
總數	蕃人系 生蕃	141 711	5 795	12 972
總數	外國人系	48 930	24 168	2 072
男	總數	2 353 288	478 047	335 858
男	內地人系	124 749	54 791	6 405
男	朝鮮人系	441	298	31
男	漢人系 福建	1 764 587	394 970	120 185
男	漢人系 廣東	329 884	6 126	199 996
男	漢人系 其ノ他ノ漢人	147	16	1
男	蕃人系 熟蕃	27 057	1 301	1 379
男	蕃人系 生蕃	70 926	2 879	6 383
男	外國人系	35 497	17 666	1 478
女	總數	2 239 249	435 484	328 853
女	內地人系	103 527	46 375	5 578
女	朝鮮人系	460	180	32
女	漢人系 福建	1 705 250	373 315	116 930
女	漢人系 廣東	318 816	5 017	197 974
女	漢人系 其ノ他ノ漢人	88	13	1
女	蕃人系 熟蕃	26 890	1 166	1 155
女	蕃人系 生蕃	70 785	2 916	6 589
女	外國人系	13 433	6 502	594
種族系統別百分比例 總數	總數	100.0	100.0	100.0
種族系統別百分比例 總數	內地人系	5.0	11.1	1.8
種族系統別百分比例 總數	朝鮮人系	0.0	0.1	0.0
種族系統別百分比例 總數	漢人系 福建	75.5	84.1	35.7
種族系統別百分比例 總數	漢人系 廣東	14.1	1.2	59.9
種族系統別百分比例 總數	漢人系 其ノ他ノ漢人	0.0	0.0	0.0
種族系統別百分比例 總數	蕃人系 熟蕃	1.2	0.3	0.4
種族系統別百分比例 總數	蕃人系 生蕃	3.1	0.6	1.9
種族系統別百分比例 總數	外國人系	1.1	2.6	0.3
種族系統別百分比例 男	總數	100.0	100.0	100.0
種族系統別百分比例 男	內地人系	5.3	11.5	1.9
種族系統別百分比例 男	朝鮮人系	0.0	0.1	0.0
種族系統別百分比例 男	漢人系 福建	75.0	82.5	35.8
種族系統別百分比例 男	漢人系 廣東	14.0	1.3	59.6
種族系統別百分比例 男	漢人系 其ノ他ノ漢人	0.0	0.0	0.0
種族系統別百分比例 男	蕃人系 熟蕃	1.2	0.3	0.4
種族系統別百分比例 男	蕃人系 生蕃	3.0	0.6	1.9
種族系統別百分比例 男	外國人系	1.5	3.7	0.4
種族系統別百分比例 女	總數	100.0	100.0	100.0
種族系統別百分比例 女	內地人系	4.6	10.6	1.7
種族系統別百分比例 女	朝鮮人系	0.0	0.0	0.0
種族系統別百分比例 女	漢人系 福建	76.2	85.7	35.5
種族系統別百分比例 女	漢人系 廣東	14.2	1.2	60.2
種族系統別百分比例 女	漢人系 其ノ他ノ漢人	0.0	0.0	0.0
種族系統別百分比例 女	蕃人系 熟蕃	1.2	0.3	0.4
種族系統別百分比例 女	蕃人系 生蕃	3.2	0.7	2.0
種族系統別百分比例 女	外國人系	0.6	1.5	0.2
女百ニ付男	總數	105.1	109.8	102.1
女百ニ付男	內地人系	120.5	118.1	114.8
女百ニ付男	朝鮮人系	95.9	165.6	96.9
女百ニ付男	漢人系 福建	103.5	105.8	102.8
女百ニ付男	漢人系 廣東	103.5	122.1	101.0
女百ニ付男	漢人系 其ノ他ノ漢人	167.0	123.1	100.0
女百ニ付男	蕃人系 熟蕃	100.6	111.6	119.4
女百ニ付男	蕃人系 生蕃	100.2	98.7	96.9
女百ニ付男	外國人系	264.3	271.7	248.8

表9 1930年的語言別種族語系人口統計與百分比

種族系統			總　數	臺北州	新竹州
總數	總數		4 592 537	913 531	664 711
	內地人系		228 276	101 166	11 983
	朝鮮人系		901	478	63
	漢人系	福建	3 469 837	768 285	237 115
		廣東	648 700	11 143	397 970
		其他漢人	235	29	2
	蕃人系	熟蕃	53 947	2 467	2 534
		生蕃	141 711	5 795	12 972
	外國人系		48 930	24 168	2 072
男	總數		2 353 288	478 047	335 858
	內地人系		124 749	54 791	6 405
	朝鮮人系		441	298	31
	漢人系	福建	1 764 587	394 970	120 185
		廣東	329 884	6 126	199 996
		其他漢人	147	16	1
	蕃人系	熟蕃	27 057	1 301	1 379
		生蕃	70 926	2 879	6 383
	外國人系		35 497	17 666	1 478
女	總數		2 239 249	435 484	328 853
	內地人系		103 527	46 375	5 578
	朝鮮人系		460	180	32
	漢人系	福建	1 705 250	373 315	116 930
		廣東	318 816	5 017	197 974
		其他漢人	88	13	1
	蕃人系	熟蕃	26 890	1 166	1 155
		生蕃	70 785	2 916	6 589
	外國人系		13 433	6 502	594

種族系統				總　數	臺北州	新竹州
種族系統別百分比	總數	總數		100.0	100.0	100.0
		內地人系		5.0	11.1	1.8
		朝鮮人系		0.0	0.1	0.0
		漢人系	福建	75.5	84.1	35.7
			廣東	14.1	1.2	59.9
			其他漢人	0.0	0.0	0.0
		蕃人系	熟蕃	1.2	0.3	0.4
			生蕃	3.1	0.6	1.9
		外國人系		1.1	2.6	0.4
	男	總數		100.0	100.0	100.0
		內地人系		5.3	11.5	1.9
		朝鮮人系		0.0	0.1	0.0
		漢人系	福建	75.0	82.5	35.8
			廣東	14.0	1.3	59.6
			其他漢人	0.0	0.0	0.0
		蕃人系	熟蕃	1.2	0.3	0.4
			生蕃	3.0	0.6	1.9
		外國人系		1.5	3.7	0.4
	女	總數		100.0	100.0	100.0
		內地人系		4.6	10.6	1.7
		朝鮮人系		0.0	0.0	0.0
		漢人系	福建	76.2	85.7	35.5
			廣東	14.2	1.2	60.2
			其他漢人	0.0	0.0	0.0
		蕃人系	熟蕃	1.2	0.3	0.4
			生蕃	3.2	0.7	2.0
		外國人系		0.6	1.5	0.2
女對男百分比		總數		105.1	109.8	102.1
		內地人系		120.5	118.1	114.8
		朝鮮人系		95.9	165.6	96.9
		漢人系	福建	103.5	105.8	102.8
			廣東	103.5	122.1	101.0
			其他漢人	167.0	123.1	100.0
		蕃人系	熟蕃	100.6	111.6	119.4
			生蕃	100.2	98.7	96.9
		外國人系		264.3	271.7	248.8

當然，林媽利教授也研究出，平地台灣人是帶有一些與北方越南及百越族相同的血緣，於是就有台灣聞達人士搶著說：「平地台灣人與百越族的一些相同血緣基因，就是帶有百越族血緣基因的唐山人來台灣所留下的。」但是，請仔細看，原台灣住民、北方越南及百越族同屬南島語族系統(包括整個中西太平洋諸島)，全帶有一些相同的南島語族血緣基因，這有何值得奇怪的？原台灣住民在體質DNA上並無混到漢人基因，而現在所謂之中國福、廣閩南人與客家人是大都有混到漢人基因的。既然原台灣住民在體質DNA上完全沒有漢人基因，近300年何來的百越族唐山人後代在台灣？何來的漢人後代在台灣？

所以，是應該相信這麼多的原始文獻記錄和現代科學證據，或是要選擇相信近期中國壓霸集團厚黑陰狠的僞造文書？冷靜想清楚啊！

第五章

台灣人原本非呆奴

台灣人原本有極穩健的智慧與韌性，雖於17至19世紀，歷經200多年，持續遭受來自中國的壓霸踩躪與洗腦，和平、善良又溫文的台灣人為了生存，語言、文化、宗教和習俗被迫改造，但除了極少數被訓化成願賣祖以求聞達者外，大多數台灣人在逆境中仍能暗自延續台灣的精神、智慧、靈性及部分特有生活習慣。

在日本據台初期，是有少數如連橫、連震東父子及黃朝琴等原台灣聞達假漢人清國奴，迫不及待去當日本人的走狗，狐假虎威繼續欺負同胞而謀利。大多數台灣人仍在逆境中過著自己的生活。在日本統治下，仍一直堅持著從清國踩躪下難得殘存的一些台灣習俗和精神，更明明白白回答日本統治當局，自己是台灣原住民，曾被唐山人稱為「番」，日本統治當局就記載爲本島人「熟番」。

一些已謀得滿清官職(土官、士紳)的台灣假漢人(如丘逢甲等)，在日本正式接掌台灣前早得知消息，來得及脫產變賣，在日軍入台時即隨滿清官兵離台前去唐山。後來也有數千台灣假漢人因巴結不上日本人，無法繼續仗勢得意，遂求得日本據台當局允許，脫產移民去中國，妄想在唐山重尋往日在台勾結滿官而得勢的榮景。不過，這些台灣假漢人在唐山已無被利用價値，加上過不慣唐山生活，多數都黯然回台。所以，1899年(明治32年)，自稱爲或被日本據台當局認爲是唐山人(或漢人)後裔的台灣人只有不到1000人。

雖然至1905年後，日本據台當局遷就閩達假漢人走狗的鼓譟而將「廣」、「福」註記的台灣人加上個「漢」記(指使用漢人語文)，但多數台灣人從未忘記自己是眞正台灣原住民族的身份。台灣閩達假漢人的走狗嘴臉，日本據台當局看在眼裡，雖不得不利用他們，仍是輕蔑他們。他們太過份了，或日本人遇有不順心，即罵他們「清國奴」。連横、連震東父子以及黃朝琴 (台灣人稱他們爲「半山仔」) 等的遁逃中國，除了遭台灣人唾棄，在台灣人中無立足之地外，被日本人罵「清國奴」，罵得在台灣無臉見人也是重要原因。

台灣有不少智者在日本統治下仍保持清明，見日本為己利，從清國手中謀取台灣，還是有心建設台灣，雖無奈，仍願參與對台灣有利的開發與建設。但眼見少數台灣假漢人，為求聞達，諂媚日本統治當局而得勢之際，乃憂心忡忡。傅祥露先生是其中較具代表性的一員。

由於歷經300多年的異族欺凌鎮壓，傅祥露先生是第一位從事現代自然科學研究的台灣人(得自西洋傳教士的啓蒙教育)，後與日本人技師金子昌太郎合著有《甘蔗農學》(即使全書都是傅祥露先生個人的貢獻，礙於日本人金子昌太郎是權勢在握者，仍不得不讓金子昌太郎掛名，這是當時身為台灣人的無奈)。1899年時，自稱為或被認為是唐山人(或漢人)後裔的台灣人才不到千人。但這些自以為高級的台灣假漢人，盡是當時的社會聞達人士，傅祥露先生此時就已警覺，將來恐怕會有風行草偃的劣幣驅逐良幣作用(當市場上偽幣的使用率與數量超過眞鈔時，偽幣很快會成為通行貨幣，眞鈔反會而遭丟棄) 。傅祥露先生當時根本想不到，30多年後會有蔣幫中國壓霸集團的再侵台做二次洗腦，就預料台灣人靈魂有被假漢人聞達人士洗劫殆盡的可能。因爲大眾的錯誤認知，無論是來自學校教育或社會教化，絕大部分都是受檯面上的聞達人士所影響，而當時的台灣聞達人士，盡是那些自以爲高級的虛榮假漢人。

傅祥露先生擔心後代子孫遭受污染，決定親自撰寫族譜(之前的眞正台灣人族譜全被清國消滅而無存)，以期後代子孫能不忘本。傅祥露先生還將族譜封面寫上大大的【寶貝】二字，提示子孫珍藏，不可遺忘，不能丟失。其後代子孫也都遵守遺訓，至今珍藏著。

傅祥露先生生於1882年。來自大台南左鎮區山豹部落(現稱澄山)的西拉雅族先人傅祥露先生，成長過程中先讀過西洋宣教士設立的小學，同時接受漢文和西學教育，再去就讀日本人成立的高等科與職業專校之現代教育。24歲時上第2屆糖業講習班，2年後擔任糖業試驗所雇員，繼而擔任大目降(現稱新化)糖業試驗場技師(從助手職稱做起)，是當時台灣人擔任現代技職工作的最高職位(其實當時台灣人也只被允許從事日本統治當局內的技職工作)。傅祥露先生的智慧、受的教育和政經地位都勝過當時之日本走狗假漢人百倍，是當時台灣少數現代化高知識份子之一。但傅祥露先生在異國(滿清與日本)統治下，不爲名利所動，默默充實自己，純是為台灣貢獻一己之力。可惜如傅祥露先生般的智者能有幾人呢？今日的所謂台灣文史學者，又有誰記得傅祥露先生呢？今日台灣社會人士惑於聞達而輕忽原台灣文化、歷史眞相和眞正的台灣先賢，能不慚愧？

圖4. 傅祥露先生的孫子女提供，孫女傅秋惠(左)、孫子傅乃誠與祖父手寫家譜合照。

圖5. 台灣西拉雅族人傳祥露先生手寫的家戶記載，附有他求學時及結婚後的照片。

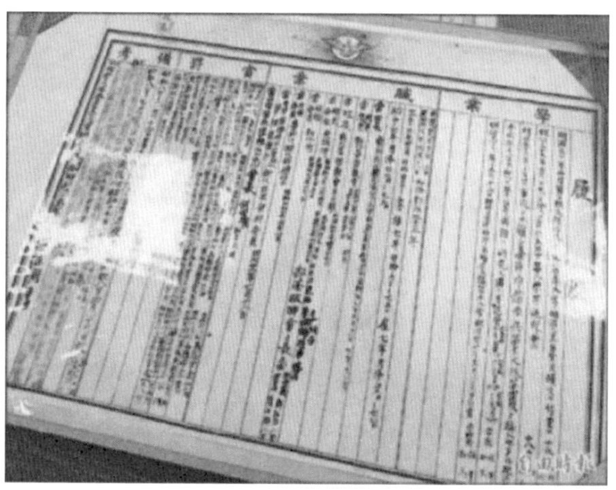

圖6. 台灣西拉雅族人傳祥露先生手寫的自身履歷表。

第六章

「有唐山公，無唐山嬤」是謂阿山仔欺人太甚，非指移民

台灣文史學者常提出質疑：「若台灣不是漢人的移墾社會，那怎麼會存在『有唐山公，無唐山嬤』這句話的留傳？因此『我們不能否定部分祖先來自中國』。」

筆者回答：

所謂的「有唐山公，無唐山嬤」，事實上是令人傷心的話語。它是在說：「台灣族人被強制漢化、冠姓，唐山官員和執行強制漢化的訓導、教官，壓霸地硬將這些所強冠之姓的唐山來源稱爲台灣族人的『伯公』、『公祖』。台灣平地族人才被諷刺『有公無嬤』，台灣族人私下偶爾也以『有唐山公，無唐山嬤』自嘆『被強加唐山公』的無奈，同時也是在提醒平地台灣族人自己，雖然逃脫不了被強制漢化的結果，但是絕不能忘本，不可忘記自己是台灣原住

民。」在1970年以前，這是樸實台灣人都知道的事(樸實台灣人受到中國壓霸集團洗腦較晚)。何況還有新竹縣竹北市新社里，掛有「采田福地」匾額的「七姓伯公廟」之證據存在。怎麼現在還盲目地跟著蔣幫中國壓霸集團胡亂解讀，繼續替中國壓霸集團毒害、洗腦自己台灣族人？

自從少數早期台灣聞達假漢人和蔣幫中國壓霸集團，故意將「有唐山公，無唐山嬤」曲解抹黑後，不少台灣人因受長期疲勞轟炸的洗腦，漸漸隨之起舞，「有唐山公，無唐山嬤」就成了平地台灣族人認盜作祖的原兇。筆者於《台灣受虐症候群》上冊p.59-60、《失落的智慧樂土》p.52及《原台灣人身份認知辨悟》p.61-62；p.78-80，已詳細舉證說明過「有唐山公，無唐山嬤」那令人傷心的原意，不知情的讀者可自行查閱。筆者現在僅就早期台灣聞達假漢人和蔣幫中國壓霸集團合作抹黑、曲解的說詞，指出其矛盾處。

他們造謠說什麼「有唐山公，無唐山嬤」的意思是：「有眾多單身唐山男人來台灣娶原台灣婦女繁衍後代，並無唐山婦女來台生子女。」

首先，他們自己也承認，來台的單身唐山男人被台灣人稱爲「羅漢腳仔」。事實上，「羅漢腳仔」是輕蔑之語。羅漢腳仔就是一些僥倖偷渡成功的逃犯。「羅漢」是強勢好鬥的流浪者，「腳仔」是小嘍囉。「羅漢腳仔」是指男性、單身的遊蕩小流氓。台灣族人又稱他們爲「大本乞食」，是說他們在台灣當乞丐，強硬乞討有如勒索；更自以爲高級，對施捨的食物和用品還會要挑選；也到處鬧事、搞破壞，台灣族人對他們總是避而遠之。所以筆者年幼時，常常還會聽見長輩告誡不上進的晚輩：「不好好做人，將來就做羅漢腳仔啦！」意思是：「不好好做人，將來就如羅漢腳仔一般，沒人願意親近，人人避之唯恐不及，也討不到妻子結婚生子，那就悲慘眞如羅漢腳仔了。」何況還有嚴懲的峻法「渡台禁令」，台灣族人有誰會甘冒災難之險接納他們？他們若持續逃過清國官兵的追捕，則最後必然都橫死在台灣。

台灣族人善心爲最後橫死在台灣的羅漢腳仔收屍撿骨，集中掩埋。唐山人官員、訓導和教官，認爲流氓逃犯還是他們的同胞，竟恐嚇台灣族人爲他們建小廟供奉，說：「否則這些流氓逃犯的陰魂會作怪、會害人，建小廟供奉後，這些陰魂就會應許和平，你們才能安心生活。」所以這些小廟供奉的唐山羅漢腳仔就稱爲「有應公」、「萬應公」，這些小廟就稱爲

「應公仔廟」。這也是另一種所謂的「有唐山公，無唐山嬤」。有誰見過羅漢腳仔娶妻生子了？能結婚的就不叫「羅漢腳仔」了！

再說「無唐山婦女來台生子女」？唐山人貪圖台灣資源豐富、土地富饒，且原台灣人與世無爭、善良又好客，在貪婪的唐山人眼裡，簡直是人間天堂。所以早期有辦法渡台的都是舉家帶眷，唐山婦女及其子女曾逗留在台灣的才多著呢！

先看1661年4月15日熱蘭遮城日誌記載：「住在大員(被鄭成功以其家鄉名改稱安平)的唐山人，原先以爲鄭成功強盜集團會直接從大員進攻熱蘭遮城，因而大舉逃往Smeerdorp(今下營，即Dorcko)的Oijlaukan(禾寮港)。現在已確定鄭成功將由Smeerdorp入侵，很多尚未能及時逃回中國的唐山人，多數是婦女和小孩，先前因要避難而逃來此地。現在他們都急著重新買船逃亡。」而鄭成功侵台自立爲王，其部屬隨後大都引渡家眷來台。怎麼會說成「無唐山婦女來台生子女」？這樣歪曲抹黑不是自打嘴巴嗎？只是這些唐山人，都已被證明，不是於鄭成功強盜集團侵台時逃回唐山，就是後來和鄭成功集團一起遭清國遣返唐山。

由於荷、鄭據台時期來台的唐山人都已被證明全逃回唐山或遭遣返唐山，有些早期台灣假漢人，就把腦筋動到清據時期的偷渡逃犯唐山人羅漢腳仔身上，說什麼羅漢腳仔可能就是他們的祖先。眞是不要臉！

今日台灣聞達人士對清國據台時期的認知，都是受連橫、丘逢甲等假漢人以及後來於1949年蔣幫中國壓霸集團帶來台灣的黃典權等人牽著鼻子迷途走向中國。以黃典權爲首的中國寫手，奉蔣幫壓霸集團之指示，爲呆奴化台灣族人，他們翻查漢人滿官以侵略者心態留下的文書，進一步扭曲、改寫、僞造，用來洗腦台灣族人。

早期台灣假漢人與蔣幫中國壓霸集團眞夠厚黑(心黑、臉皮厚)，竟然連台灣人好客的打招呼用語「食飽沒？」(意思是：若尚未食飽，請來阮厝做伙食飯)，都能抹黑、歪曲爲「多數人吃不飽，吃飽了是幸福的人，所以問候人食飽沒」？若按照他們的說法，那就是問候別人：「你是不幸的人(未食飽)或是幸福的人(已食飽)？」這樣能通嗎？像話嗎？

連被清國罵作「台匪」的台灣抗敵先人朱一貴、林爽文和戴潮春三位先生，他們也能僞造出「參加天地會，反清復明」的謊言(《原台灣人身份認知辨悟》p.68-77)，甚至還把台灣民間藉朱一貴抗清事件嘆惜的怨氣歌「頭戴明朝帽，身穿清朝衣；五月稱永和，六月還康熙。」抹黑說成是唐山人的牆頭草歌。「頭戴明朝帽，身穿清朝衣，五月稱永和，六月還康熙」的意思是怨嘆「本來好好一個台灣族人，由於鄭成功集團入侵，被押爲明朝奴。滿清趕走鄭成功集團，卻再被迫當清國民。氣不過，起身抗爭，才自號永和。惜不久即不敵利砲大軍，又被迫受康熙宰制」。自以爲高級的台灣聞達人士(尤其文史學者)，自己要不擇手段追求假高級的虛榮，爲什麼不自己去就算了？爲什麼非把全體原台灣人拖下水不可？爲什麼非把原台灣人的靈魂摧殘殆盡不可？

台灣人啊，趕快清醒吧！是應該明白的時候了！

蔣幫壓霸集團繼承人，現在台灣教育部高中課綱檢核小組的謝大寧，於2015年6月10日公開演講時，囂張地大叫：「歷史課綱有高度政治性，不是要闡述(眞實)歷史，而是要把不同來源的人凝聚爲共同的『國族』，建立『我群』意識。」以白話來講，他是說：「我們編纂台灣的歷史課，本來就是用以洗腦你們台灣人的工具，不必敘述史實，能讓你們迷糊而甘心臣服即可。」這話是有不少現代台灣聞達人士聽懂了，突然驚覺「中國壓霸集團是利用僞造歷史的教育在洗腦台灣人」。但是，既已知今日是在被洗腦，爲什麼還對昨日的被洗腦拒絕反省呢？爲何偏偏對前50年更殘暴、更陰狠、更肆無忌憚的蔣幫壓霸集團之洗腦教化甘心接受？台灣聞達人士眞的不知不覺了嗎？還是假漢人當上癮了？

最後謝大寧還狂言「任何國家都是如此，國族的定義來自(中國)憲法」以企圖自我合理化。請問，除了中國壓霸集團，世界上有那個國家對被其侵略的國家，是用全面僞造被侵略國之歷史，以陰狠的洗腦教育，來奴化被侵略國之民眾的？

在高喊「我們是高級中國人」、「你們都是我們高級中國人×出來的」、「台灣人若要去中國化，就不能拜關公、媽祖，也不能吃中國菜，連姓氏都必須要改回去」之後，中國壓霸集團終於再公開承認「70年來他們對原台灣人的洗腦過程，是透過僞造台灣歷史的奴化教育」，現代台灣聞達人士卻還是不承認自己的曾被洗腦，現在還堅持「是清代移民」的謊言。說「中毒太深」是有點不禮貌，但不是事實嗎？

有麻豆李先生再提出他自身的家族，做爲質疑的例子。他說：「至於我個人的祖先，我父系祖先五代前確實從福建同安移民而來，先祖父還留有他阿祖的原居地地址；我的母系祖先中，先祖母的阿公，則是從漳州來，是清朝的武官，1895年還曾經回原居地去過；家母的祖母，則是16歲才從漳州移民到台灣，我小時候還見過她。所以，以我個人的情形，我雖有西拉雅族血統，但我無需否定也有閩南血統。我知道許多台灣人也是如此。」

李先生的例子正是台灣人被蔣幫中國壓霸集團洗腦70年後常見的迷惑。

筆者回答：

今日台灣人對清國據台時期的認知，都是來自1945年蔣幫中國壓霸集團侵台之後的僞造文書。1945年，蔣幫中國壓霸集團自知自己在台灣的地位僅是受盟軍委派，來台灣做臨時性軍事佔領而已，他們在台灣的一切作爲都是非法的。爲了劫掠台灣資源以填補蔣幫集團在中國的物資缺乏，利用當時不受容於台灣而逃往中國的「半山仔」(連震東、黃朝琴等)及台灣聞達假漢人，僞稱台灣人多數是中國邊疆次等漢人，企圖以「同是華人」、「資助祖國」做爲合理化劫奪台灣資源的藉口。1949年，蔣幫中國壓霸集團整體逃亡到台灣，爲長期在台灣鳩佔鵲巢，壓霸獨享台灣人的血汗，差遣其御用學者(黃典權等)，利用當時的「半山仔」，再召集當時的台灣聞達假漢人，篡改、假造台灣歷史，全面對台灣人做二次洗腦。隨之有極少數台灣平地族人受漢化過程影響而轉性，存心攀炎附勢；有的是受洗腦影響，不知不覺，就盲目地把自己連上中國的漢人族譜。多數台灣人(尤其是讀多了蔣幫中國壓霸集團之僞造文書，被洗腦教化較深的聞達人士)久而久之也就胡裡胡塗了。

由於唐山官員和執行強制漢化的訓導、教官在把台灣人強制冠姓時，都是使用其唐山家鄉的姓氏，就隨手記下這些所強冠之姓的唐山來源，壓霸地硬將這些所謂唐山姓氏來源稱爲台灣族人的「伯公」、「公祖」(《失落的智慧樂土》p.52、《台灣受虐症候群上冊》p.59-60)，還強制台灣族人加以祭拜。長時間後，有些台灣族人不知原委，加上受到貪圖名利、虛榮之台灣聞達假漢人所影響，就不知不覺地誤解這「公」與「祖」的原意，是有少數人可能會盲目地跑到唐山去認祖。尤其1949年之後，某些台灣平地族人受蔣幫中國壓霸集團二次洗腦的影響，甚至僞造台灣人族譜，盲目地把自己連上中國漢人的族譜。於是，在蔣幫中國壓霸集團統治台灣多年後，由於蔣幫中國壓霸集團常高喊「我是高級中國人」，如雷灌耳，這些閩達後的台灣平地族人之中，想自以爲「我是次高級漢人」的，多了起來，所以盲目地跑到中國去認盜作祖的，也多了起來。

李先生的認知：「父系祖先五代前確實從福建同安移民而來」、「先祖父還留有他阿祖的原居地地址」、「母系祖先中，先祖母的阿公，則是從漳州來，是清朝的武官」、「1895年還曾經回原居地去過」、「家母的祖母，則是16歲才從漳州移民到台灣」，應都是這種效應影響所致。李先生如果再不肯清醒，仍堅持祖先確實從中國福建同安移民而來，那請把你家族的詳細族譜記載拿給筆者查證，筆者相信一定可以給李先生更直接的證據，證明李先生家族眞的是誤認盜爲祖了。

連明顯是台灣族人的「台匪」朱一貴、林爽文和戴潮春，都能被蔣幫中國壓霸集團說成「朱一貴是福建漳州人，1714年來到台灣」、「林爽文於清朝乾隆二十年(1755年)生於福建省漳州平和縣，十七歲隨父母渡海來台」、「戴潮春原籍福建漳州龍溪，居住在彰化縣四張犁莊」，今日台灣閩達學者照樣信以爲眞，那還有什麼是不能被僞造的？還有什麼是不會迷糊、受騙的？

筆者收集到的所謂「族譜」、「來自唐山何地」，都已被證明是爲了當假漢人(高級？)，蒙著眼睛，在所不惜的胡言亂語。筆者查閱過的正式官方文書都沒顯示過有唐山人曾在台灣娶妻生子，留在台灣。1874年是有解除渡台禁令，但來台者多爲商人，來來去去，也沒證實過有誰永久定居。所謂的唐山祖，都是被冠姓時所記的該姓之唐山來源，後人誤以爲是眞祖。李先生既是麻豆人，可知麻豆是台灣少數自古一直維持原台灣地名發音的地方？麻豆能長久以來一直維持原地名不變，顯示麻豆一地，遭受清國官員、教官的蹂躪、摧殘較少，受到清國官員、教官的注目也較少。既然台灣其他地方都已證明絕不可能有唐山來的移民，麻豆會有唐山移民的可能性就更低了。

再說，1895年日本從清國手中奪取台灣，從滿清官府接收的台灣「隘勇線」內戶籍文書，滿清官府戶籍文書記錄的「隘勇線」內台灣「漢化民」都註明是熟番。極少數自稱爲或被日本據台當局認爲是唐山人(或漢人)後裔的，日本據台當局都再註明是「清」(清國人；唐山人，清國子民)。而李先生家族的日本據台時期戶口註記是「福」，李先生你的家族又怎麼會是唐山人(或漢人)後裔呢？而且，清國據台時期，除了清國官方約雇人員(清國據台當局另以不同文件記載，3年內遣返)，在台發現的唐山人就只有少數偷渡成功的逃犯(羅漢腳仔)，偷渡逃犯抓到是遣返唐山受刑，即使未被抓到也絕不可能列入戶籍，且都橫死在台灣而入「應公仔廟」。即使到了清末的1886年，劉銘傳任職台灣巡撫時，還上書清廷【劉銘傳〈清賦的12項建議〉】說：「蓋台地雖歸入清朝版圖，而與內地聲氣隔絕。」李先生祖先五代前是要如何從福建同安移民而來呢？李先生祖母的阿公既是清朝武官，又是如何能留在台灣而不被遣返唐山呢？李先生母親的祖母，16歲小小年紀的女子又怎麼能夠從漳州移民到台灣呢？有這麼多疑點，難道李先生從未想過其中的不合理之處？

何況，筆者看過李先生自己所提出的DNA鑑定，李先生DNA血緣顯示的是台灣平地原住民基因，且並無漢人基因。若李先生之祖先五代前確實從福建同安移民而來；祖母的阿公又是來自福建漳州，是清朝的武官；母親的祖母，還是16歲才從漳州移民到台灣，則李先生身上理應漢人基因濃厚，李先生身上怎麼會全無漢人基因呢？而且，李先生自己不是也常把「無唐山嬤」掛在嘴邊嗎？可以清醒了吧！

李先生又反駁：「你所舉出的許多珍貴資料，讓我們知道原來許多自以爲是漢人後代的台灣人，其實是平埔族後代。至感敬佩！不過，我及學界的諸多朋友們認爲，並不能因此就推出一個『全稱命題』，說所有台灣人都是漢化的原住民，沒有移民或移民極少。討論事情用『全稱命題』來以偏概全，反而減少說服力。『台灣人全都是原住民(南島民族)』，和『台灣人全都來自中國』，都不可能取信於人。中國閩粵移民在近世、近代，往南洋、台灣移民，是歷史常識(不是「中了蔣幫中國壓霸集團的毒」才這樣說，日本、西方學者也是如此認爲)。」

筆者再回答：「謝謝李先生，至少李先生已瞭解『許多自以爲是漢人後代之台灣人，其實是平埔後代』，但是，『中國閩粵移民在近世、近代，往南洋、台灣移民，是歷史常識』？不對吧！這不是歷史常識，是被洗腦後的盲目憨識，是來自蔣幫中國壓霸集團的僞造文書。就是因爲太多這類憨識，組建成了今日台灣的受虐症候群(重症斯德哥爾摩症候群的認盜作祖)，導致今日台灣的悲慘與困境。」

先說「平地台灣人來自中國」。是有什麼根據敢這樣講？證據在那裡？不是全隨著早期台灣假漢人及蔣幫中國壓霸集團之僞造文書起舞的嗎？筆者說

「台灣人都是原住民」，全是根據事實證據，證據在那裡才說到那裡！何況，清末1886年劉銘傳任職台灣巡撫，上書清廷【劉銘傳〈清賦的12項建議〉】就曾說：「蓋台地雖歸入清朝版圖，而與內地聲氣隔絕。」意思是：「除了上任來台，任滿離台的官兵、執行強制漢化人員(教員、教官、訓導)、契約唐山人工匠以及爲生產特定農產品供應中國而特許入台的短期農作物契作人員(贌商)，台灣與唐山(中國)不相往來。」當時都已經是1886年了，那裡會有唐山人(中國人)留在台灣？

而閩粵中國人有不少人移民往南洋是沒錯，那是繼中國鄭和下西南洋之後，循線下去的。但是，中國鄭和並未到過台灣，中國原始歷史文書也沒提到有中國閩粵人移民往台灣，中國原始文書寫的都是到過台灣而已。唐山人最早入台的，是逃中國之難，僥倖不死，誤入台灣哆廓(Dorcko，Smeerdorp，今下營，早期唐山人、荷蘭人稱此地爲「台灣」。《台灣受虐症候群》上冊第一章p.2-3)，發現台灣族人善良、好客可欺，覺得因禍得福。在台灣族人協助下，得以返回唐山，呼朋引伴(唐山難民、逃犯)來台，也是聚集在哆廓鄰近，這些唐山人後來多數成了荷蘭人走狗。清國據台，這些唐山人連同鄭成功集團都被趕回唐山，再無唐山人久留台灣。至於「日本、西方學者也是如此認爲」，請問是那一位日本或西方學者如此認爲？他又是根據何來的證據？別又說是根據少數台灣假漢人及蔣幫中國壓霸集團的僞造文書！想說「台灣有唐山移民」，必須拿出眞憑實據，不要看了近期的少數台灣假漢人及蔣幫中國壓霸集團的僞造文書，就一味的跟著盲目胡說。

台灣自古即名爲Paccan，從未改過，是唐山人400年前誤會台灣語才稱爲台灣(《失落的智慧樂土》p.26; p.30-32)。所謂的中國人從來就不知Paccan這地方，是直到明末的1610以後，才有中國福建龍溪的張燮，從西班牙人、葡萄牙人、荷蘭人口中得知東方海上有Paccan一地，就在他於1617年所寫《東西洋考》一書中的附錄中順便提到Paccan，張燮竟寫爲北港。1617年的《東西洋考》本文，根本就沒有提到台灣這個國度！

台灣位於東亞大陸棚架邊緣上，有強勁、溫暖的黑潮洋流由南往北，從東西兩邊通過。黑潮洋流四季的溫度、流向、浪潮全與中國沿海的親潮截然不同，加上變化莫測的強烈季節風，以澎湖群島爲縱線的台灣海峽處處有強勁的旋渦、暗流，又隨時有突來的巨浪。若無堅固大船和高超的航海知識，沒自有動力的帆船根本整年無法安全航行於台灣海峽中線以東的延伸海域。中國明朝鄭和七次銜命下西南洋，帶動了唐山人往西南洋的移民潮，雖自稱船大堅固，航海技術進步，還是不敢往東航行(中國蔣幫壓霸集團入侵台灣後，竟然有臉僞造鄭和曾因躲避颱風而在台灣靠過岸的謊言。看看台灣周邊的颱風，不是往西的方向就是往北，想造謠也要有點常識，太幼稚了吧！)。即使到了中國明朝晚期，其船隻最東也僅到得了澎湖群島。(《原台灣人身份認知辨悟》p.43-46。)

李先生再反駁：「若用血統決定國家，則具有雙元(甚至多元)血源的台灣人，國家認同豈不錯亂？」

筆者回答：「台灣本來就是一個多部族國家(雖然原台灣住民都血源相近)，各部族各自有固定生活圈，不相隸屬，只有合作，不受統治。台灣住民不會有『血統決定國家』的觀念，反而中國人才大多數是種族主義者。漢人(中國人)一向自大、壓霸、仇外，看看今日中國的氣焰，除了對台灣虎視眈眈，視台灣爲其禁臠，也覬覦釣魚台，對南海諸小國更是侵門踏戶。再回顧其歷史，如出一轍。中國壓霸集團才是有極端血統觀念的人，中國國民黨人70年來一直在用『中國血統』洗腦原台灣人，中國壓霸集團自認是正統漢人而高級，把原台灣人洗腦成邊疆次等漢人，從而自大其壓霸的藉口。令人洩氣的是，台灣聞達人士卻一直擺脫不了『次斯德哥爾摩症候群』的受虐心理病態，持續在幫助蔣幫中國壓霸集團，用所謂的『華人』加深洗腦原台灣人。台灣人是需要恢復靈魂尊嚴，不能認賊作父、不能認盜作祖。今日有不少台灣人的國家認同錯亂，正是因爲不自覺的『認盜作祖』，而台灣聞達人士對此不是應該負最大的責任嗎？」

第七章

中國壓霸集團在奸笑：「送你謝長廷這呆奴一個祖公」

原台灣族人的認盜作祖，大部分是被洗腦後的誤認。少部分的早期台灣聞達人士則是被洗腦後，故意僞造硬連上中國的族譜，不要臉地向強盜要求成爲虛榮次高級的假漢人。這是被設計誘發的「斯德哥爾摩症候群」心理病態，是典型重症「台灣受虐症候群」。現代台灣聞達人士受洗腦而認盜作祖，較受矚目的兩個例子是：陳水扁曾宣稱祖籍是中國福建詔安，希望能回去「尋根」。謝長廷也宣稱他祖籍是中國福建紹安(詔安？)。

謝長廷被呆奴化更嚴重，謝長廷夫婦竟於2012年10月4日下午，跑到他被今日中國所指定的祖籍地，中國福建省漳州市東山縣銅砵村，去認祖歸宗。當中國壓霸集團冷笑地派出當地的一大群村民，敲鑼打鼓，在鞭炮聲中迎接謝長廷夫婦一行的車隊，加上兩位小學生上前為謝長廷夫婦獻上鮮花，還告訴謝長廷說：「你的先祖曾是清朝將軍(漢奸？替入侵中國的人工作)。」這時謝長廷得意忘形，高興洋洋，樂得彷彿已飛上了九重天，感動得痛哭流涕地表示，「飲水思源、慎終追遠，這是一個好風俗。」眞是可笑又可悲！

事實證明，陳水扁和謝長廷的認盜作祖，都是依從早年唐山滿官把台灣平地族人強制冠姓時，用來羞辱台灣平地族人的「公」、「祖」註記。謝長廷又給了壓霸中國人一次取笑台灣人「有公無嬤」的機會！謝長廷被取笑時，還拿出一本近年僞造的連上中國之謝家族譜，說：「上面明明記有『福建漳州府紹安縣』。」那是唐山人滿官在奸笑「送你這呆奴一個祖公」、羞辱你這呆奴「有公無嬤」啊！

講到謝氏族譜，台灣謝氏源流委員會也有所謂的「謝氏族譜」。這「台灣謝氏源流委員會」的所謂「謝氏族譜」說：「遷台祖謝光玉在清康熙十九年(1673)渡台」、「來自福州府連江縣」、「謝光玉遷台後，生二子，次子謝建雍。謝建雍子謝升源擔任滬尾(今淡水)營守備；謝升源子謝慶瑞生三子，季子謝五珠，育三子，長子謝泮水」、「謝泮水有二子，長子謝仁壽，次子謝長廷。」

經比對中國福建東山縣銅鉢村五常堂「謝氏族譜」，銅鉢村「謝氏族譜」寫的是：「謝光玉生於乾隆五年(1740)，卒於道光二年(1822)。」並無謝光玉渡台事蹟(是有記載多件福建東山人，奉派到過台灣任職，都3年內遣返，就是沒謝光玉)。且銅鉢村「謝氏族譜」寫「升源子福等」，非是慶瑞。而「台灣謝氏源流委員會」的所謂「謝氏族譜」竟然還把謝光玉提早將近100年生出來了！(應該是僞造族譜時，沒仔細想就隨便亂寫了！)

經比對「台灣方志」，謝升源並非滬尾營守備。再比對謝長廷手上近年才僞造的連上中國之謝家族譜，是源自福建漳州府紹安縣，這一點，要勉強講，除了「紹」寫錯外，是和中國福建漳州之銅鉢村有些連上。「台灣謝氏源流委員會」的「謝氏族譜」反而胡寫亂植，而且謝仁壽是謝長廷的父親，非兄弟！

只是，既然「台灣謝氏源流委員會」的「謝氏族譜」錯誤連篇，謝長廷手上的「謝氏族譜」也是近年才創造出來的，難道就可信？筆者查閱過無數所謂連上中國之台灣族譜，每一部都已證明是子孫爲當假漢人(高級？)而「誤以爲」或是「特意僞造」的，謝長廷的謝家族譜也是如此。既然謝家族譜指謝光玉為其遷台祖，而事實上謝光玉並未到過台灣，且謝長廷的曾祖父謝慶瑞更不是謝光玉的曾孫(是謝家族譜誤認或故意偽造的？)，怎麼就為了當假漢人(高級？)，非要(故意蒙著眼睛說不知道)硬著攀上唐山(中國)不可？謝光玉是被依唐山滿官用來羞辱台灣平地族人的「公」、「祖」註記，在「誤以為」甚至「故意偽造」之情況下連上中國的。

2008年8月28日中國時報引述中國福建省姓氏源流研究會謝氏委員會的報告：

「今年六月之後，當謝長廷在民進黨初選中勝出後，台灣謝氏源流委員會致函中國福建省姓氏源流研究會謝氏委員會，要求協助查找謝長廷祖籍。但由於無詳細資料，故謝氏委員會無法給予協助。九月中旬，台灣謝氏源流委員會再次傳真致函中國福建省姓氏研究會謝氏源流委員會，比較詳細地介紹了謝長廷族係(系)情況和具體線索。函中說：『台灣民進黨謝長廷的祖籍地有說在漳浦，有說在南靖，更有說在同安，莫衷一是。現據可靠消息是在詔安二十六都(郡)。』然而，詔安只有一都至五都，沒有二十六都，所以確切的祖籍地尚需查覓。『謝長廷的先祖(

遷台祖？)名叫謝光玉，謝光玉的兒子謝建雍(小名‘虎魚’)，清代在台灣澎湖任協台，謝建雍兒子謝升源爲滬尾(今台灣淡水)守備(五品官)，謝升源子謝慶瑞。謝慶瑞有三子，季子叫謝五珠。謝五珠有三子，長子叫謝泮水。謝泮水有二子，長子叫謝仁壽，謝長廷是次子。』會長謝宗楷認爲：『二百多年的歷史不算久，應該能查到。』於是根據台灣方面提供的有關資料，將詔安、漳浦、東山三縣作爲查覓謝長廷祖籍的重點。突然驚覺：銅缽村兩座謝氏祖墓竟是大家苦苦覓找的謝長廷祖墓，並宣佈說，『不用再找了，謝長廷祖籍地就在東山島。』確認兩座墳墓的墓主姓名及立碑石子孫姓名等記載，與台灣謝氏源流委員會來函提供的族系情況相符；十日下午，有關文史專家及謝氏宗親又在東山縣銅陵鎮頂街發現謝長廷先祖故居及神主牌，這兩次發現證實：謝長廷祖籍地在福建東山無疑。」

大家看看：2008年6月之後，謝長廷已是民進黨總統參選人，可能即將是台灣總統的人要來認盜作祖，我這盜怎可不全力配合！於是，中國福建省姓氏源流研究會謝氏委員會和台灣謝氏源流委員會聯手，趕緊臨時隨便拼湊，能讓謝長廷高高興興當成「假漢人」即可。

當初台灣謝氏源流委員會既然受謝長廷所託，要去查當年唐山人賜給謝長廷的「祖」，怎麼可能沒有提出任何「誤以爲」或「特意僞造」的資料呢？怎麼會「無詳細資料」？所以一定是，起初中國福建省姓氏研究會謝氏源流委員看了謝長廷委託要查詢其中國祖公的信函，心想「這個人瘋了，不理他」。後來發覺謝長廷有可能是未來的台灣總統，有利用價值，後悔了。趕緊請示上級，在上級長官的鼓勵下或直接命令下，就只好把「不理他」解釋爲「因無詳細資料」。

台灣謝氏源流委員會的「有說在漳浦，有說在南靖，更有說在同安，莫衷一是」就是詳細資料？既然是「有說在漳浦，有說在南靖，更有說在同安」，中國福建省姓氏源流研究會謝氏委員會，又怎麼會「將詔安、漳浦、東山三縣作爲查覓謝長廷祖籍的重點」？

台灣謝氏源流委員會受謝長廷之託，在給中國福建省姓氏研究會謝氏源流委員會函中說：「台灣民進黨謝長廷的祖籍地有說在漳浦，有說在南靖，更有說在同安，莫衷一是。」而謝長廷卻一再宣稱他家族譜記有「福建漳州府紹安縣」，台灣謝氏源流委員會又怎麼出現「有說在南靖，更有說在同安，莫衷一是」的說法？而且中國福建漳州府並無紹安縣，中國福建漳州府是有詔安縣，但族譜這種代代相傳的重要文件竟會寫錯地名而無人發覺？

函中又說：「是在詔安二十六都(郡)」。然而，詔安只有一都至五都，那來的二十六都？

函中再說：「謝建雍子謝升源擔任滬尾(今淡水)營守備；謝升源子謝慶瑞生三子，季子謝五珠，育三子，長子謝泮水。謝泮水有二子，長子謝仁壽，次子謝長廷。」但是，謝慶瑞不是謝升源的兒子；謝仁壽與謝長廷更非兄弟。而且，若謝升源是派台清國官員，最長三年，任盡遣返，且不再派台，何來留下子孫？若硬要說「謝升源是在台灣中科舉而任職」，那謝光玉既未來台，何來謝升源在台灣中科舉？何況依清國規矩，台灣科舉拔仕，並不留台任職。清國的台灣官方文書，也無謝升源中科舉的記錄！

在種種明知是滿口胡言亂語的情況下，福建省姓氏研究會謝氏源流委員會還眞全力配合！從「無法給予協助」，變成「二百多年的歷史不算久，應該能查到」，再是「突然驚覺，恍然大悟」，終於確認「謝長廷祖籍地在福建東山無疑」。眞是可笑！

謝長廷更再以其家族在日據時期的戶口名簿註記欄是「福」，非「熟」做爲另一項證據。日本據台當局的戶口資料上明白寫著，「註記『福』指的是『說福建話之人』(日本人誤以爲福建語言只有福佬話)」，你還眞認爲日本人是在證明你謝長廷是「漢人後代」啊？

第八章

是什麼力量使台灣平地原住民語言因強制漢化而消失？

很多台灣聞達政客與學者提出質疑說：「若無閩、粵人移入，或者移入者極少，則原來的台灣平埔語怎麼可能因漢化而消失？台灣文化習俗怎麼會有這樣大的落差變化？純粹靠清國唐山官員的壓霸蹂躪、強制改姓換名、導演生活習俗，絕無此影響力。」

筆者回答：

先說「若無閩、粵人移入，或者移入者極少」。

當然有中國閩人移入(粵人存疑)，而且還數量眾多呢！隨時都維持至少有6萬人。只是他們全是官兵、執行強制漢化人員(教員、教官、訓導)、契約唐山人工匠(皆任滿遣返)，以及為生產特定農產品供應中國而特許入台的短期農作物契作人員(贌商)。 但他們有誰能久留台灣呢？

至於「原來的平埔語怎可能因漢化而消失」？

若有現在年近70歲的人，請仔細想想，您上小學時，原台灣人，除了學校以外，有多少人會講所謂國語的北京話(Mandarin)？清國和現在的中國國民黨人，都是用強制教育、以考試誘導原台灣人專心學習以求出頭成「聞達之人」，以獲取名利，更用處罰嚴禁使用台灣通用語言。大家知不知道，現在45歲以下的原台灣人，有多少人已經不再講福佬話或客家話？移居平地的原山地住民，又有多少人已經不再使用原部落族語？現在又有多少人還能用福佬話或客家話的全漢字寫作呢？又有多少人還能用全福佬話或客家話作有主題的論述呢？再看看，現在原台灣人有多少人所取的名字，已無法用唐山化之所謂原台灣通用母語的發音唸出？

以筆者自己爲例，筆者世居鄉村，是同儕中最經常使用以福佬話爲主幹的所謂唐山化台灣通用母語之人。除了在學校受教時間，以及學術訓練的工作環境中，有時不得不使用北京話(Mandarin)外，筆者一生中的日常生活都是在說唐山化母語的福佬話台語。可是時至今日，筆者與友人交談時，大約每十句話仍不得不夾雜一、兩個北京話詞彙；然而筆者卻可以完全使用北京話作任何形式的交談或論述，不必夾帶任何台語詞彙。這是因爲在歷經40餘年的禁制台語，全力倡導北京話爲所謂的國語，北京話常用語詞整天在耳門、眼前環繞，不停灌輸，唐山化台語原用字詞久不見聞即不順口，北京話語詞就偶爾會溜嘴而出。更不用說學校所學知識與現代新事物了，由於原台灣人無緣參與其原始構詞，在提及這些所學知識與新事物時，也被迫不得不使用北京話語詞。筆者書寫文稿時，更只會全使用北京話(Mandarin)了。這種勢如排山倒海所造成的無力感，匹夫何能禦之？連自幼一直持續抗拒被奴化的筆者自己，都沒能完全逃過這種環境影響力，何況一般台灣大眾，子孫們更不用說了！到底有幾人能夠不被這中國壓霸集團陰狠設計的「環境壓力鍋」所煮熟，甚至煮爛呢？還在問：「原來的平埔語怎可能因漢化而消失？」

是1988年李登輝先生當總統後，恢復使用福佬話或客家話的台灣人才又稍微增加。李登輝先生當總統之前，中國國民黨人掌控台灣才40餘年。貶損、禁止使用福佬話或客家話的後期台灣語文也才50年。台灣的表面民主化又已過了20年，現在卻已北京話(Mandarin)當道，北京話(Mandarin)已成爲主流語言。這是因爲，人在被塑形定型後，會習慣成自然，也就會更持續加速自我固化。若沒有極大的外來震撼，是難以回頭的，更難以復原了。現在，台灣人使用福佬話或客家話的後期台灣語言之時間比率，已不到十分之一。相較於鄭、清的壓霸蹂躪台灣長達200多年，台灣原平地住民語言不逐漸消失才怪！事實上，台灣原平地住民語言，在這樣的陰狠摧殘下，其消失速度算是很慢了！這時大家還眞要相信蔣幫壓霸集團的洗腦謊言，同意「鄭、清壓霸台灣的200多年內，沒有達到可消滅台灣原平地住民語言的影響力」？其實，台灣原平地住民語言還未完全消失哩！只是也差不多了。

當然，因爲早已被強制洗腦了70年，不少人還是難以相信，一些台灣文史教授更提出質問說：「如果清代台灣社會不是『移墾社會』，沒有來自閩粵的移民，那麼台灣原平地住民語言消失之後，台灣怎麼會出現各地有漳州音、泉州音的不同福佬話口音；台灣客家話也有海陸腔、四縣腔之分？」

筆者回答：

其實，原台灣人的各地多種特殊口音，正是台灣原平地住民被強制漢化的證據。

清國據台時期，於原鄭成功集團河洛人部將轄區，派駐唐山河洛人官吏、教員、訓導、教官；原鄭成功集團客家人部將轄區，派駐唐山客家人官吏、教員、訓導、教官。分別依唐山河洛習俗、客家習俗繼續加強漢化。派台執行強制漢化人員(教員、教官、訓導)來自中國福建各地都有。福建區域遼闊，各地本就有不同的語音腔調，被迫接受教化的台灣原平地住民自然會學得這些不同的語音腔調。

事實上，台灣原平地住民的語音，不論是福佬話或客家話，都與原唐山語音有差異。而台灣的福佬話、客家話，不論漳州音、泉州音、海陸腔、四縣腔，都另外出現南部腔、中部腔、北部腔、東部腔和海口腔的不同腔調。且在台灣南部、中部、北部、東部和沿海的不同小地方，其語調也有差異。這是因為，人如果在熟練自有語言之後才學習外來語，口腔、舌頭、喉嚨的運作已有固定模式，再要學習第二種外來語時，發音會受口腔、舌頭、喉嚨的原有習慣動作所影響而難以發出準確的第二種外來語音調。因而一群已有相同自有語言的人，學習第二種外來語時都會有相同的「怪異」腔調(所以，學習第二種語言時，年齡越小越容易，發音也越準確)。而台灣原平地住民本來就有各個分散的族群，古時交通不發達，各族群早已各自發展出特有的語音，在學習第二種外來語時，自然就會出現各種不同腔調。這就是台灣平地雖然狹小，台灣原平地住民之福佬話、客家話卻有這麼多不同的語音和腔調，而且更與唐山福佬話、客家話有所差異的原因。

大家何不想想，原台灣人被迫重新學習北京話後，現在原台灣人的北京話音調真的和正北京話相同嗎？就如同現在台灣人也學習了英語，台灣人說英語的語音、語調又如何？多數台灣人學習英語後，並沒有整天和英國人或美國人生活在一起，不是就自成一種台灣腔了嗎？清國據台時期的台灣人正是這種情況。台灣人並沒有整天和唐山人生活在一起，所以，台灣人說的福佬話或客家話，自然會和原唐山語音有差異而自成一格，且因各原族群間既有的差異，除了因不同教員而分別有源自漳州、泉州、海陸、四縣的語音，更分別有南部腔、中部腔、北部腔、東部腔和海口腔，甚至各地方還會分別有自己特殊的語調，這正是台灣原平地住民被強制漢化的證據。

第九章

台灣平地原住民的文化、宗教和習俗怎麼前後會有這樣大的變化？

現代台灣聞達人士常質問說：「台灣社會若不是『移墾社會』，沒有來自閩粵的移民，那麼原台灣平地住民的文化、習俗和宗教信仰，絕不可能在200多年內完全改變、繼而消失，所以現在的原台灣人不可能全是原住民。」

筆者回答：「那就以眼前來相較於往日吧！請先看看台灣那些歷經鄭、清200多年的蹂躪，仍能難得地僥倖繼續維持300年不斷的台灣殘存特有文化、習俗，在蔣幫中國壓霸集團侵台後，是如何在短短的40年內完全改變，你們再來決定什麼是『可能』、什麼是『不可能』，好嗎？」

事實上，若有現在年近70歲的人，請仔細想想您小時候，可曾見過有親戚在清明節掃墓嗎？不論是被以福佬或客家習俗漢化的原台灣人，都只有在大寒時節「坌風水」(整修先人墳墓)，陪墓是在過年時，清明節原本是台灣族人敬天的時節(《失落的智慧樂土》p.89、p.129)，那裡見過清明掃墓了？【這是因爲清國據台時期，台灣不再有漢人墳墓，清朝派台的漢人官員自然無強制推銷清明節掃墓之舉，所以除了少數爲名利而勾結唐山人滿官的假漢人，當時那來清明節掃墓？】現在卻已到處可見原台灣人於清明節在掃墓！而且除了較慢受污染的鄉下，台灣人會在過年時陪墓的也漸漸少了，再過幾年，可能就看不到了！

筆者年幼時，是曾見過有極少數被訓化成「信仰玄天上帝」的台灣民眾，會在「玄天上帝」生日(3月3日)陪墓，但從未見過有「清明掃墓」的。

再如，原本台灣人都是於陰曆9月9日重陽(Limgout，回人間)節祭祖。自從清國侵台後被強制漢化，多數台灣人已被唐山教官、教員、訓導訓練成在先人忌日做忌(但僅及上一代，最多上至二代)，卻都還保留九九重陽祭(遠)祖的習慣而不輟。但自從蔣幫中國壓霸集團侵台後，強力放送重陽是敬老節，現在除了受污染較慢的鄉下，有多少台灣人還記得重陽是祭祖時節？大家對重陽祭祖幾時變成重陽敬老的，還有印象嗎？這是蔣幫中國壓霸集團侵台後，才被洗腦而改變的。

再看台灣的五月節「綁粽」，原台灣人幾千年來綁粽都是使用正宗粽葉的「月桃葉」(《失落的智慧樂土》p.129-130)，以前從未改變過。1949年以後，大量中國難民隨蔣幫中國壓霸集團湧入台灣，中國人也「包粽子」，用的是竹葉，原台灣人還是維持使用有傳統香氣原味的「月桃葉」。到了1980年以後，由於教科書、電視、廣播強力放送「包粽子是用竹葉」，加上從中國進口大量包粽子用的竹葉(泡過防腐劑與安定劑)，開始有原台灣人不再懷念傳統的月桃葉香氣原味，跟著用竹葉綁粽(時髦？)。於是有樣學樣的原台灣人漸漸增加，到現在，使用月桃葉的原味台灣綁粽，竟幾乎難得一見，甚至連知道「月桃葉」這名詞的台灣人也已稀罕了。這種影響力就是這麼可怕！

有人又提出質疑說：「台灣人改用竹葉綁粽是自然現象，因爲月桃葉難尋，竹葉易得，方便嘛！」

不對！竹子在台灣到處可見，葉子適合包裹的粗竹(麻竹)也佔大宗，台灣人以前爲什麼就是不使用竹葉綁粽？再說月桃葉會難尋？1980年以前，原台灣人更是家家戶戶於五月節「綁粽」，台灣何曾缺過月桃葉了？月桃葉會難尋？月桃叢以前在台灣田野隨處可見呢！月桃叢的逐漸減少，是因為功用不再受珍惜而遭棄、遭毀所致。

蔣幫中國壓霸集團蹂躪台灣才短短70年而已，鄭、清壓霸台灣達200多年，原台灣平地族人的文化、宗教和習俗當然會有這樣大的落差變化。為什麼台灣聞達人士就是要堅持說「不可能」？

再看台灣傳統醫藥：多數人聽到筆者轉述姜林獅先生那歷經300年，暗地裡代代傳遞，所保留下來的殘存台灣文史記憶中，提及「台灣5千年前就有避孕藥」，都認為是天方夜譚，不願相信。但對數千年前台灣住民如何避孕以控制人口增長，卻也說不出個合理的解釋來。鄭、清侵台，執意摧毀原台灣文化、文明，私下傳承原台灣文化、文明都遭受迫害。對比漢人醫藥水準，有驚人表現的台灣傳統醫藥，多數已因唐山官員的妒恨，遭受摧毀、禁絕。但是，治療普通疾病、傷害的台灣傳統醫藥，雖特有而未過招搖，仍得以一直保留著。雖然派台唐山人有帶來一些中(漢)醫藥，是有一些受漢化轉性的台灣聞達人士學著使用，然而台灣大眾仍使用著殘存的台灣傳統醫藥，稱台灣傳統藥物爲「藥頭仔」，稱提供較少見藥頭仔並接受咨詢者爲「藥頭師」。日據時期，日本人帶進現代醫學及更多中(漢)藥，但若非急症(急症就送現代化醫院)，台灣大眾仍多數依靠「藥頭仔」醫治，尋常的「藥頭仔」自己可採集，難找的就向「藥頭師」請購，疑難病症也請教「藥頭師」。1970年以前，台灣仍到處有「藥頭師」、「藥頭仔店」，現在有誰還再使用「藥頭仔」？有誰在那裡還見過「藥頭師」、「藥頭仔店」？這就是在陰狠、壓霸的蹂躪下產生的影響力。

有人又反駁說：「那是由於現代醫學進步，傳統醫藥自然會沒落、消失！」

不對，傳統醫藥固然必會因現代醫學的進步而逐漸沒落，但不可能會在二、三十年內驟然消失。何況，從日據時期「藥頭仔」能勝出中(漢) 醫藥就可看出，同樣是傳統醫藥的中(漢)醫藥並未比台灣殘留的「藥頭仔」高明。現在的中(漢)藥店、中(漢)醫所卻因壓霸當權者的特意維護，而能相對的續存且發酵。台灣傳統醫藥在三百多年前遭到摧毀，殘存的還能繼續延用兩百多年。殘留的「藥頭仔」會在1970年後突然沒落，繼而快速消失，是因爲二次漢化洗腦遭鄙視，加上用所謂的法令打壓所造成的。

蔣幫中國壓霸集團侵台後，執意再徹底消除殘餘的台灣傳統，大力以中華文化強加在原台灣人身上，只要稍具知名度的藥頭師就發給中(漢)醫藥執照，誘引其向中(漢)醫藥傾靠，再由香港轉口輸入大量中(漢)藥材普遍供給。當時連一位隱居在僅十多戶聚落之下林的余老色藥頭師，都能收到中(漢)醫藥執照(下林是屬極偏僻的鹽水區竹仔腳)。其餘的零散藥頭師再加鄙視和打壓，即以違法、落後之名快速地逐漸消失。這就是「壓霸影響力」的結果！

「藥頭仔」中，尚存留有多少珍貴台灣遺產是值得現代醫學去做分析、研究，以供現代臨床應用的呢？有誰眞正想過？

才短短40年而已，歷經鄭、清200多年的蹂躪、破壞再加改造，仍能難得地延續的台灣殘存特有文化、習俗，竟整體翻轉、改變。這些現象又是什麼「影響力」造成的，大家可曾想過？看看現代，再推想過去，在中國壓霸集團的陰狠蹂躪下，「可能」與「不可能」的界限在那裡呢？

蔣幫中國壓霸集團的陰狠厚黑當然可怕！鄭、清集團和現在的中國國民黨人，都是一丘之貉，鄭、清時期他們在台灣更是壓霸有餘。鄭、清集團在台灣橫行200多年，所造的孽會比中國國民黨人少？竟然不少台灣聞達人士(尤其台灣文史學者)還在說：「原台灣平地住民的文化、習俗和宗教信仰不可能在200多年內改變、消失。」

台北張先生再提出質疑。張先生說：「我是知道原台灣族人稱前去祖先墳墓敬拜、懷念為『陪墓』，大寒時節要『坌風水』，但我從未聽說過原台灣族人是『過年陪墓』和『重陽祭祖』的。」

筆者回答：

張先生會提出這樣的質疑，看來張先生應該不會大於60歲，而且可能是一直生活在都會區，所以才會不曉得「過年陪墓」和「重陽祭祖」。雖然蔣幫中國壓霸集團侵台後的二次洗腦，使得殘存的一點原台灣傳統習俗眼見也即將被消滅殆盡，但張先生只要於過年時和重陽節到鄉下跑一趟，肯定還可以見到一些台灣人於過年時「陪墓」(《失落的智慧樂土》p. 128)、在重陽節「祭祖」。屆時張先生可仔細請教在場的長輩，就會知道，「過年陪墓」、「重陽祭祖」是祖先留下的傳統。但是，想要清楚瞭解就不能拖太久，再過幾年，可能就再也看不到了！

重陽節「祭祖」，台灣族人稱Limgout(《失落的智慧樂土》p. 130-131)，現在還保留過年「陪墓」傳統的，客家語系的原台灣人似乎比較多，但不論客家語系或福佬語系的原台灣人，還保留住「重陽祭祖」傳統的都一樣少了。因爲多數原台灣人於清國據台時被迫漢化後，已跟著在上一至二代先人的忌日做忌，有些原台灣人的重陽祭祖已變成是祭遠祖。蔣幫中國壓霸集團侵台後，鋪天蓋地的全面放送重陽是敬老節，多數原台灣人遂因而逐漸、快速地忽略了重陽祭祖。

因爲早已被強制洗腦了70年，不少台灣文史教授還是因難以相信而再提出質疑說：「如果台灣社會不是『移墾社會』，沒有來自閩粵的移民，那麼清據時期怎麼會有『閩、客』及『漳、泉』之分？所謂『閩客鬥、漳泉拼』的六十次械鬥又是如何產生？閩粵的民間信仰(開漳聖王、媽祖、玄天上帝、清水祖師、三山國王、王爺…等等)又是如何在台灣產生？既然沒有移民，那麼平埔族原來的粗耕，又怎麼自行漢化改變成水田稻作？」

筆者回答：

先說「『閩、客』及『漳、泉』之分與械鬥」、「閩粵的民間信仰(開漳聖王、媽祖、玄天上帝、清水祖師、三山國王、王爺…等等)是如何在台灣產生」。

清國施琅侵台後，爲強制台灣人漢化，在台灣平地到處派駐教員、訓導、教官管控，建制社學(番社)。「生番」被教訓成爲「熟番」後，再轉爲廟學，同時以其各式唐山宗教、習俗繼續訓化「熟番」成爲「漢化民」。「熟番」被教訓成爲「漢化民」後，才另立「學堂」。「廟」與「學堂」分立後，原「廟學」的「廟」就成了專事宗教信仰的訓練。

清國據台，於原鄭成功集團河洛人部將轄區，派駐唐山河洛人官吏、教員、訓導、教官；原鄭成功集團客家人部將轄區，派駐唐山客家人官吏、教員、訓導、教官。分別依唐山河洛習俗、客家習俗加強漢化。除強迫說漢語；學漢文；取漢名、更依各主導教員、訓導和教官的意思改冠漢姓；並遵行其習俗和宗教活動【各版《台灣府志》】。施加漢姓者再依其姓氏分別立其漢姓祠堂，再依姓氏掛上其中國唐山家鄉堂號，也留下堂號出自唐山何地的記錄，還立下一位唐山伯公或公祖，逼行其唐山人祭禮(由於漢人的沙豬主義，只立唐山公，未立唐山嬤，是其特點)(《失落的智慧樂土》p.50-56)。已有鄭成功集團留下唐山廟的地方，就利用舊唐山廟直接設爲廟學。未有鄭成功集團留下唐山廟的地方，是所謂的番社，須先創立社學，也在強制漢化過程中，依各漢人滿官及所帶來的唐山教員、訓導、教官之原唐山崇拜的各式各樣信仰，逐步將社學過渡爲各式各樣的廟宇，社學就成了廟學。此後，各式各樣的閩粵民間信仰(開漳聖王、媽祖、玄天上帝、清水祖師、三山國王、王爺…等等) 廟宇如雨後春筍，紛紛在台灣平地中到處出現。強制台灣族人漢化完成後，就另立「學堂」。留下的「廟」就成了專事宗教信仰的訓練。這就是爲何在台灣會到處散佈著中國閩粵的民間信仰(開漳聖王、媽祖、玄天上帝、清水祖師、三山國王、王爺…等等)之原由。

也從此，台灣平地族人竟被硬生生分化成河洛語系和客家語系兩種族群，以及各地各式各樣的信仰習俗，還被依各唐山教員、訓導、教官所教化成的習慣和語音，再被分稱閩、客、潮、汕、漳、泉等。這所謂的「閩、客、潮、汕、漳、泉」，就如日據時期記載的，所謂「漢人系」，指的是「說、用漢語文之人」；「福建人系」指的是「說福建話之人」(日本人誤以爲福建語言只有福佬話)；「廣東人系」指的是「說廣東話之人」(日本人誤以爲客家話是廣東話)；「其他之漢人系」指的是「說其他漢語之人」，是以被漢化後的其常用語言做分類的(之前已證明過)。

而來自閩、客、潮、汕、漳、泉的教員、訓導和教官在唐山就早有舊恨，在台灣又因磨擦不和而生新仇。他們之間常有惡鬥，就分別慫恿、威脅或挑撥其所轄台灣族人參與他們的打鬥。就說是「閩、客鬥」、「潮、汕鬥」、「漳、泉鬥」。

少數台灣族人受漢化過程影響而轉性，存心攀炎附勢，賣祖求榮去當假唐山人、假漢人(連橫、丘逢甲等人是其中之最)，就把它寫成是台灣人的漳、泉、閩、客鬥。久了更加分化了台灣族人的身份迷思。

至於「既然沒有移民，那麼平埔族原來的粗耕，又怎麼自行漢化改變成水田稻作」？更是被呆奴化後才會有的說法。

事實是：

鄭成功集團和清國施琅侵台後，見台灣人文明比中國進步，台灣文明昌盛、豐衣足食，都懷妒恨之心，下令台灣人僅能從事農耕，徹底摧毀工業、工藝和文化設施；滅絕所有台灣歷史文書，並加速奴化的漢化改造。之後就僞造台灣人野蠻、落後、沒文明、沒歷史的假象。過了百年之後，知道原台灣文化、文明和歷史的台灣人少了，才有少數台灣族人受漢化過程影響而轉性，由自卑而貪圖虛榮，僞造出身族系，一心一意賣祖求榮要當假唐山人、假漢人，卻也使得今日的原台灣平地住民，更輕易接受蔣幫中國壓霸集團的二次洗腦，以致心靈迷失。

鄭成功集團和清國侵台初期，都是心懷妒恨，對台灣的污衊無所不用其極，但有時仍免不了透露出一點事實。楊英《從征實錄》記載：「台灣有『田園萬頃，沃野千里，餉稅數十萬，造船制器。』令鄭成功垂涎十尺。」清國據台的第一任知府蔣毓英在《台灣府志》記述：「人亦頗知讀書，兒童五、六歲便教讀書。」蔣毓英是清國據台第一任知府，他到任後才開始籌備社學、廟學，鄭成功集團據台時期並無設置番人漢化學堂，所以蔣毓英此言必是指台灣族人的固有教育，而且是說「台灣人自己頗知讀書，兒童五、六歲便須教讀書(驚訝？)。」1690年代(康熙30年代)修撰的《臺灣府志》不小心還是寫到：「人無貴賤，必華美其衣冠，色取極豔者，靴襪恥以布，履用錦，稍敝即棄之。下而肩輿隸卒，褲皆紗帛。」到底誰才是野蠻？誰才是落後？

「平埔族原來是粗耕，是漢化才學會水田稻作」？這是顛倒是非，是摀著眼睛說瞎話！

事實上，荷蘭人Georgius Candidus早於1628年12月7日就記載：「台灣族人普遍使用一類似小刀的便利工具(細齒刀的略彎小刀「草-Gke-Ah」)，從稻穗下的莖收割稻子(這是以集束、整齊插秧的方式種植水稻才有的進步做法)，容易又輕鬆。」讚嘆台灣族人的精緻文明(*Formosan Encounter* Vol. I, p.93)。當時歐洲人還在用笨拙的大型鐮刀「Scythes」、中國人也還在用笨拙的中型鐮刀收割稻麥。已使用超過五千年的台灣割稻刀極爲輕巧，刀刃僅略彎，有細齒，收割稻麥輕鬆又方便。當時台灣以外的世界各地都只知使用鐮刀，中國的中型鐮刀收割稻麥時同樣須彎腰，卻費力易疲勞。歐洲收割稻麥使用的鐮刀，刀柄加長，刀刃也更長、更尖，稱Scythe。歐洲人收割稻麥時不須彎腰，但須用蠻力掃砍，揮砍後須再撿拾、整理滿地雜躺的稻麥(《失落的智慧樂土》p.45-47)。荷蘭人把台灣割稻刀學回歐洲使用。在機械收割機發明前，全世界學用「台灣割稻刀」有三百年。唐山人把台灣割稻刀學回中國使用，竟還不要臉地硬說：「土民逐穗採拔，不識鉤鐮割穫之便。」(楊英《從征實錄》)藉以僞裝「我高尚、你低陋，所以你受我管束是爲你好，不算壓霸」的假象。鄭、清、蔣幫侵略台灣，都是一樣的妒恨心眼，如出一轍。其心狹、妒恨的嘴臉，一覽無遺。

蔣毓英在《台灣府志》中記述，他們剛到台灣，就已驚訝地統計出台灣平地之15種大小、形狀、顏色、性質都不同的各種水、旱稻米。其中14種是水稻，僅1種稱爲「埔尖」的稻作是旱稻，這還沒包括山地住民所種植的各種小米。中國向來習慣號稱地大物博，有這麼多樣的水、旱稻作嗎？在被蔣幫中國壓霸集團二次洗腦之後，不少人卻眞以爲原台灣族人僅懂粗耕，水田稻作是漢人引進，眞是悲哀。事實上，各國考古學者早就推測，米食種植的傳播應是來自Paccan(台灣)。

現今台灣學者會以爲台灣平地族人僅懂粗耕，除了受到蔣幫中國壓霸集團二次洗腦所迷惑，也可能是受妒恨的楊英所做之謊言「土民逐穗採拔，不識鉤鐮割穫之便」所騙，以及誤解蔣毓英在《台灣府志》〈稻之屬〉中的記述：「以上諸稻，俱夏種秋獲，年止一收。」

台灣族人自古即懂得「貪婪足以害己」、大自然切忌竭澤而漁。台灣族人不但知道施用堆肥改善收成，更瞭解「永續地利」的重要。維持一年只種稻一次，是要讓田地能獲得休養，以恢復地力。這是農業專家近年才認清的道理！而「夏種秋獲」正是利用可短期豐收的季節，夏季陽光足、水量沛，水稻生長快、品質好，炎夏耕種是較辛苦，但原台灣人非好逸惡勞之徒。

原台灣平地族人怎麼會是「粗耕」呢？原台灣平地族人的水田種稻又怎麼會是「漢化才改變」的呢？眞是……！事實上，「水田種稻」是在5、6千年前，台灣(Paccan)族人傳過去給中國的呢！(《失落的智慧樂土》p.14-25；p.86-89、《原台灣人身份認知辨悟》p.36-39)

其實，蔣幫中國壓霸集團對原台灣平地族人洗腦的影響力會有這麼可怕，主要是有早期的那幾個因漢化而轉性，爲求名利而甘願賣祖求榮、認盜作祖的台灣假漢人，在旁全力協助，才得以順利達成。而現在台灣人(包括原台灣人以及1949以後來台的中國難民移民)之還不能覺醒，則現在台灣文史學者的輕忽，甚或假漢人當上癮，就需負最大的責任了！

有台中楊先生和台南姜先生都提出相同的質疑：「『已有鄭成功集團留下唐山廟的地方，舊唐山廟直接設爲廟學；無舊唐山廟的地方先立社學，再將社學過渡爲廟宇，成爲廟學，各式各樣的閩粵廟宇隨之如雨後春筍在台灣出現。』這可有證據？」

筆者回答：「證據不少哩！早期清國據台留下的文書(包括各版《臺灣府志》)就有很多記述。」

楊先生來自台中，就舉台中一例：

今台中市北屯(原是「巴宰海族」)，後來所謂的「四張犁莊」一地，是道光五年(1825年)才設置社學，表示1825年以前是未登錄的所謂生番社(台灣抗清先賢戴潮春就是這部落的人)。等當地台灣族人語言、習俗逐漸漢化，才於同治十年(1871年)將社學改爲廟宇(文昌廟)，是爲廟學，繼續把唐山的民間地方宗教行爲加入強制漢化洗腦的過程中。強制漢化完成之後，「熟番」被訓化成爲「漢化民」，就另立「學堂」。「廟」與「學堂」分立後，原「廟學」的「文昌廟」就留下成了四張犁莊的地方宗教信仰中心。這是四張犁「文昌廟記」裡的記載，楊先生現在去還查得到。

姜先生來自台南，就再舉台南一例：

不論是荷蘭人或鄭成功集團入侵台灣，都是先由台南下營(原名Dorcko，荷蘭人稱Smeerdorp)登陸。鄭成功的軍師部將劉國軒在此地設置海墘營，遂將原地名哆廓(Dorcko)改爲海墘營。1683年清國入侵台灣，仍稱此地是哆廓(Dorcko)(音譯成倒咯嘓)。清國據台，於佔領區派駐教員、教官、訓導強制漢化。因哆廓(Dorcko)早在1661年就由劉國軒、洪旭等人建有他們供奉武運之神(玄天上帝)的唐山廟，清國就利用這唐山廟直接設置廟學。康熙24年(1685年)11月「廈臺兵備道」巡道「周昌」帶來的河洛語系強制漢化教官，是來自福建泉州府永寧鎮的「下營」，永寧鎮的「下營」本來就是以當地之「玄天上帝廟」爲信仰，就製作了一塊「下營北極殿玄天上帝廟」的匾額掛上這哆廓(Dorcko)的唐山廟，做爲廟學之用。於是一併將哆廓(Dorcko)改名爲『下營』，周昌並有立碑爲記呢！後來這「下營北極殿玄天上帝廟」就一直成了哆廓(Dorcko)一地的信仰中心，直到現在。

其實，離這台南下營區約8公里，隔鄰的佳里區還有一個「下營」里，這「下營」里當時是較小聚落，清國派駐的強制漢化教員是來自福建漳浦車田的「下營街」，就把這聚落以其家鄉的村名，也改稱爲「下營」。所以才會有相距僅8公里的大、小兩地均以『下營』爲名。這些舊台灣的苦情，下營區的人可能已沒人知道！

另外，下營區的禾寮(蚵寮)原是鹿耳海 (荷蘭人稱「台灣內海」(Bay of Tayouan)，因鄭成功集團入侵初期是由荷蘭人土地測量員梅氏(Philippus Daniel Meij)聽來，竟寫成「倒風」內海)的重要港口，是古時台灣北、東、南三大造船廠所在地之一(製造雙船體大型遠洋船艦，北部是Ban-gka(艋舺)，是由原台灣語雙船體大船名稱轉用爲地名，東部的所在地已難以查證)(《失落的智慧樂土》p.118-124)。鄭成功海盜集團入侵初期，哆廓有不少人由禾寮(蚵寮)港乘船往東部出逃。鄭成功海盜集團的船隻追不上，忿恨之下，把禾寮港造船廠及港內剩下來的大船搗毀，殘骸堆積在禾寮港內，塞滿禾寮港，船隻再也無法入港，哆廓(Dorcko，下營)後人就無奈地稱禾寮港爲「破船港」。這事筆者還有聽台南下營區的幾位長輩談過，姜先生有興趣可前去查詢。不過，再過幾年，如果這幾位長輩不在了，可能就沒人知曉了！筆者曾經調查過，哆廓(Dorcko，下營)人當年由禾寮(蚵寮) 港乘船東逃時，有一部分族人落腳花蓮的富里鄉屯墾(鄭成功海盜集團據台，勢力不及於東部)，他們現在還居住在那裡，是台灣東部唯一的西拉雅族人聚落。可能還有一部分當時出逃之哆廓族人落腳在今花蓮的大魯閣，雖然筆者還不能確定。因爲這大魯閣(太魯閣)是音譯，而哆廓(Dorcko)中間有一個捲舌的子音，被譯爲大魯閣(太魯閣)是有可能的(漢人滿官就有把Dorcko譯爲倒咯嘓及哆囉嘓兩種講法)，而且太魯閣族語言語音和西拉雅語很接近。

還有，台南下營區(哆廓；Dorcko； Smeerdorp；倒咯嘓；海墘營)是台灣最早被迫強制漢化的地方，清國還因爲倒咯嘓(下營)是自古台灣重鎮，「廈臺兵備道」巡道「周昌」特別親自到倒咯嘓(下營)主持開設廟學。蔣幫中國壓霸集團侵台後，台灣人歷經劇烈的二次洗腦，其他地方有不少家族被誘騙而僞造族譜，硬是漏洞百出地創造出791件連上中國漢人的族譜，而台南下營區卻從未見有族譜，也沒見有人學著要刻意僞造族譜去連上中國。這是因爲，早期下營(哆廓；Dorcko)耆老雖爲避清國官員耳目，不敢留存手寫文書，仍有私下選定幾位族人慧黠子弟，暗中口傳台灣的歷史、文化實情。但是，近幾年來，由於患「斯德哥爾摩症候群」的台灣聞達假漢人逐漸增多，風行草偃，台灣各地紛紛組姓氏宗親會，要到中國的對應姓氏地去會親，連帶使得下營區也受影響了。

台南下營區有一洪姓大家族，祖先是自從鄭成功海盜集團入侵時，即被鄭成功部將洪旭強押爲奴僕、強冠其姓、強取漢名(當年哆廓一地還駐有沈崇明、潘庚鍾、姜孥、陳姓、曾姓、蔡姓等鄭成功部將，哆廓的其他家族都是相同遭遇)。洪旭自稱元帥、千歲、王爺，他生日時奴僕得去拜壽，並供應大肆慶祝、吃喝玩樂所需，還須提供其所屬兵士山珍海味的宴席，稱爲「賞兵」。而供奉他們所謂武運大神「玄天上帝」的上帝廟，是這些強盜的信仰中心。每年3月3日「上帝公生日」，各姓奴僕須爲其連續三天的慶典付出，除了奉獻大量供品；更要排出轎班，輪流用8人抬的大轎，抬著各「元帥、千歲、王爺」，隨上帝公神像乘轎出巡、出遊；並沿途供應其人馬飲水、糧食、草料。經過長期的洗腦、強塑，以上這些活動，竟已成爲下營人根深柢固的習俗和信仰行爲。

台南下營的洪姓家族一直都只是迷糊地奉行這些宗教活動，既不知「洪王爺」名叫洪旭，也不知被冠姓、押爲僕的歷史。30年前也從未聽說過什麼「六桂宗親」(中國的翁、龔、方、洪、江、汪)，近20年來的下營洪姓家族卻在下營聞達人士慫恿下，就胡里胡塗地加入台灣僞六桂宗親會，還幾次組團隨台灣僞六桂宗親會赴中國，毫無目的地，也強要認盜作祖。這就是蔣幫中國壓霸集團二次洗腦的可怕影響力！

第十章

所謂「土牛」、「土牛溝」和「土牛紅線」正是沒有唐山人移墾的證據

有不少原台灣人歷史學者，在看了筆者舉出的這麼多「早期台灣閩達假漢人和蔣幫中國壓霸集團僞造台灣歷史」的證據之後，仍然不肯承認自己是台灣原住民。他們再提出反駁式質問：「如果清代台灣社會不是『移墾社會』、如果沒有來自閩粵的移民，那麼做爲區隔所謂漢番的『土牛』、『土牛溝』和『土牛紅線』又是怎麼產生的？」

筆者回答：

唉！「土牛」、「土牛溝」和「土牛紅線」從來就不是什麼「漢、番界」！爲什麼到如今還在盲目地跟著早期台灣假漢人的屁股走？爲什麼到如今還在受蔣幫中國壓霸集團的僞造文書迷惑？爲什麼就不去看看鄭成功集團及清國據台時期的官方文書記載？你們

這般懶散、盲目，對得起台灣大眾嗎？這樣自找藉口認盜作祖，眞對得起自己嗎？

事實上，「土牛」、「土牛溝」在清國據台時期，是隘口的崗哨防禦工事，作用如小碉堡，並非早期台灣假漢人及蔣幫中國壓霸集團所胡說的「漢、番界」。

「土牛紅線」則是清國據台時期，把隘口(其小崗哨有「土牛」、「土牛溝」的防禦工事保護)和各地界碑在地圖上連成一線所產生，是清國佔領台灣土地的前線，也是清國封山令的前線，同時是執行強制漢化勢力所及的分界線。隨著「生番」變「熟番」、「熟番」變「漢語人」，封山令的「土牛紅線」也持續往東移，怎麼會被說成是唐山人與原台灣族人的漢、番分界線？「土牛紅線」正是台灣沒有唐山人移墾的證據，現今台灣歷史學者卻還迷糊地認爲是唐山人來台移墾的證據。是盲目了嗎？還是當假漢人眞當上癮了？

台灣山區險峻，易守難攻，鄭、清侵台都不願因爲進入山區而付出涉險的代價。早期甚至離山區遠遠的，僅據守沿海平地的部分地區。

鄭成功集團據台，其諮議參軍陳永華請申屯田之制，「開拓番地，每遭番害，乃築土牛以界之，禁出入。土牛者，造土如牛，置要害，戍兵防守」；「界線挖溝堆土，以分界限。界限的土堆，外型如臥牛，故稱土牛；其側的深溝，則稱為土牛溝」；「深六尺，闊一丈二尺」。當時這「土牛」、「土牛溝」僅是圍住鄭成功集團兵士占地屯田的範圍，是鄭成功集團阻擋台灣族人抵抗的防禦工事。「土牛」的功用就是用土築成的圍牆；「土牛溝」的作用就如護城壕溝。清國入侵台灣後，鄭成功集團和原在台唐山人全部一起被清軍趕回中國。

清國據台時期，台灣再無唐山人屯墾區，所以清國佔領的控制區內，就再也沒有「土牛」、「土牛溝」。

清國據台，對台灣平地住民執行強制漢化政策，又怕平地住民會與掌控不到的山地住民連絡，掀起反抗，遂於康熙二十三年(1684年)下了嚴酷刑罰的封山令，於入山以前還有段遙遠距離的重要交通路口，設有小崗哨防守隘口。駐守的小崗哨，則學鄭成功集團據台時期的防衛用「挖溝推土」方式，挖築所謂的「土牛」、「土牛溝」，以保護隘口的監視用崗哨。清康熙61年(1722年)起，清國官府於入山的其他各可能地點、路口，再以立碑、立界方式來規範清國官府的控制區域(稱爲清國國界)，嚴禁兩邊住民超越。在繪製輿圖時，把隘口(有挖築「土牛」、「土牛溝」防衛的小崗哨)和界碑連成一線，初時曾使用紅筆在輿圖上畫線標示清國邊界，稱「土牛紅線」。其後雖亦使用其他顏色，但習慣仍稱紅線(紅色警戒線)。隘口官隘駐有清兵隘勇，所以後來也稱「隘勇線」。

清國據台，「強制漢化」的執行，是由「台灣縣」(今大台南地區)先開始，逐漸往南北沿海前進，再往東擴張。所達之地，台灣平地住民先被稱爲「生番」；強制半漢化後被稱爲「熟番」；強制漢化完成後被稱爲「漢化民」、「清國民」。「土牛紅線」原是區隔所謂的「生番」(尚未受到掌控、未受強制漢化)與「熟番」、「漢化民」的封山令前線，「土牛紅線」外是「生番」。所以隨著更多生番的被強制漢化，這「土牛紅線」就持續往東移。日本據台，就是接收清國據台時的文書記錄，先掌理「隘勇線」內有完整戶口記錄的地區和住民，再逐步往「隘勇線」外沒有完整戶口記錄的地區推進。日本據台的前半期，也學著清國據台文書，稱「隘勇線」內「漢化民」爲本島人熟番；稱「隘勇線」外平地住民爲生番。是到了1918年，日本據台當局清查山地區域住民告一段落，才發覺清國據台是以封山令忽視台灣山地住民，若繼續跟著清國以「生番」專稱「隘勇線」外的台灣平地住民，那該怎麼稱台灣山地住民呢？所以這時才改把所有平地人口稱爲「本島人」；「生番」則改爲專稱山地住民。

現在的台灣聞達人士，因受早期台灣假漢人以及蔣幫中國壓霸集團的僞造台灣歷史文書所影響，竟然相信這「土牛紅線」代表唐山漢人與台灣原住民的區隔界線！其實，只要翻看中國歷代的邊防文書與地圖就知道，中國歷代的所謂番界是指邊界、國界。中國自古稱外國爲「番」，其「邊界碑、國界碑」寫的都是「番界」。這「土牛紅線」指的就是該時清國所霸佔的最前線。

1716年(清康熙55年)閩浙總督覺羅滿保上書〈生番歸化疏〉，內容提及南北二路「番人」的歸化戶，並建議以土官統攝，無須另立官署，以減輕開銷。於是，隘口的「官隘」開始漸次轉型成「民隘」，由漢化民土官自己設隘寮、募隘丁管理。這套歸化政策，給予當時勾結唐山滿官的台灣聞達假漢人(士紳)有可乘之機。台灣聞達假漢人看見其中有旁門暴利可謀取，趕緊乞求成為「土官」以掌管「民隘」。當清國官兵護送教官、訓導、教員越過「土牛紅線」繼續強制漢化線外番社後，隘寮、界碑隨著往外移。這些台灣假漢人(士紳)仗勢侵占新受管「社番」所開墾的土地，產生許多衝突。但是，由於台灣假漢人(士紳)早勾結唐山滿官，新受管「社番」求助無門，氣不過者只能自衛，卻被說成「番害」。以下是《噶瑪蘭通判》裡所記述，有關新受管的台灣族人，土地被台灣假漢人(士紳)強佔，訴之官府也沒用的情形。

「啁啾鳥語無人通，言不分明畫以手，訴未終，官若聾，竊視堂上有怒容。堂上怒，呼杖具，杖畢垂頭聽官諭。」

清末1886年劉銘傳任職台灣巡撫，就曾看不慣這些所謂士紳的台灣假漢人勾結唐山人滿官，仗勢強取利益、豪奪土地而坐大，憤而上書清廷【劉銘傳〈清賦的12項建議〉】：「蓋台地雖歸入清朝版圖，而與內地聲氣隔絕。小民不知法度，無從請給執照。其赴官請領墾照者，既屬狡黠之徒，往往眼看某處埔地有人開墾行將成業，乃潛赴官府請領執照，獲得廣大地段之開墾權，多至數百甲，少亦擁有數十甲。以執照爲證據，坐領他人墾成土地，爭執興訟。無照者且不能對抗之，因不得已承認其爲業主，而納與大租。是以大租戶(直接向官府繳稅的大地主)不費絲毫勞力坐收漁利。而實際上投資開墾者，則反居小租戶(須向強盜「大租户」繳租金)的地位。」

於是，劉銘傳重新制訂「理番設施」，改善隘制，參酌勇營制度，組織隘勇新制，全面以官隘爲主。1891年後，清國對臺政有所緊縮，無法支援隘勇，民隘又逐漸興起。日本據台初期的隘勇線，就是延用清末改稱「隘勇線」的「土牛紅線」。

明明是台灣聞達假漢人強佔、侵耕和越墾，卻被早期台灣假漢人以及蔣幫中國壓霸集團(黃典權爲首)說成是唐山人移墾。

明明是新受管台灣族人求助無門，氣不過起而反抗，卻被說成是「番害」。

「土牛」、「土牛溝」明明是清國據台時期，前線崗哨防衛用的小碉堡，竟被說成是「漢、番界」。

「土牛紅線」明明是指當時的清國所掌控的邊界，卻被說成是唐山漢人與台灣族人分佈區的分隔線。

筆者看過一篇於2006年「台灣社會學會」年會發表，有關「土牛紅線」的論文，論文中說道：「此界線的變化 僅指涉的是一種擴張，它也進行了認定的工作，同時也讓雙邊的各種活動進行了修正。界線的劃定後，產生了防禦或是攻擊的向度，在空間上藉由『界線』，逐步的『山地變平地，後山變前山』。而在社會的意義上，也從『生番』變『熟番』、將『熟番』變『漢語人』，這些都回頭引發了界線的重構與再認定。」

看來還是有人能避開早期台灣假漢人以及蔣幫中國壓霸集團的洗腦影響，清楚地仔細認知歷史實情。可惜的是，文中其他部分，仍然未能完全逃脫蔣幫中國壓霸集團所設的騙局。

綜合以上證據，大家應該已可以瞭解：

「土牛」、「土牛溝」在鄭成功集團據台時期，是其部屬屯田的防衛工事，就如土築城牆和護城壕溝。而「土牛」、「土牛溝」在清國據台時期，是前線隘口小崗哨的防禦工事，作用如小碉堡，絕不是早期台灣假漢人及蔣幫中國壓霸集團所謂的「漢、番界」。「土牛紅線」則是清國佔領台灣土地的封山令前線，是清國的國界，同時是執行強制漢化勢力所及的分界線，絕不是唐山人與原台灣族人的分界線。請張大眼睛看清楚。

又，既然所謂「拓墾者」都是因漢化而變貪婪的台灣假漢人士紳，是台灣假漢人士紳仗勢強佔他人土地時所偽稱的名號，所以「土牛紅線」的往東變動，更是台灣並無唐山移民的另一明證。

圖7. 是記載清康熙61年界碑位置、乾隆15年番界(國界)「土牛紅線」(圖上以紅色線標示)以及乾隆25年番界(國界)的「土牛紅線」(圖上以藍色線標示)。它原是巨幅地圖，細節在縮小後雖看不清楚，筆者選入，主要是還可以和圖8. 乾隆25年 (西元1760年)「土牛紅線」變動的局部地圖、圖9. 1874年的「土牛紅線」以及圖1. 的1901年日本據台初期的隘勇線(延用接收時的清國舊制)做比較，顯示「土牛紅線」往東變動的過程。圖8. 是乾隆25年(西元1760年)以前，清國番界(國界)「土牛紅線」多次重新界定，漸次往東推移的局部地圖。圖9. 是清楚劃出1874年的清國國界。

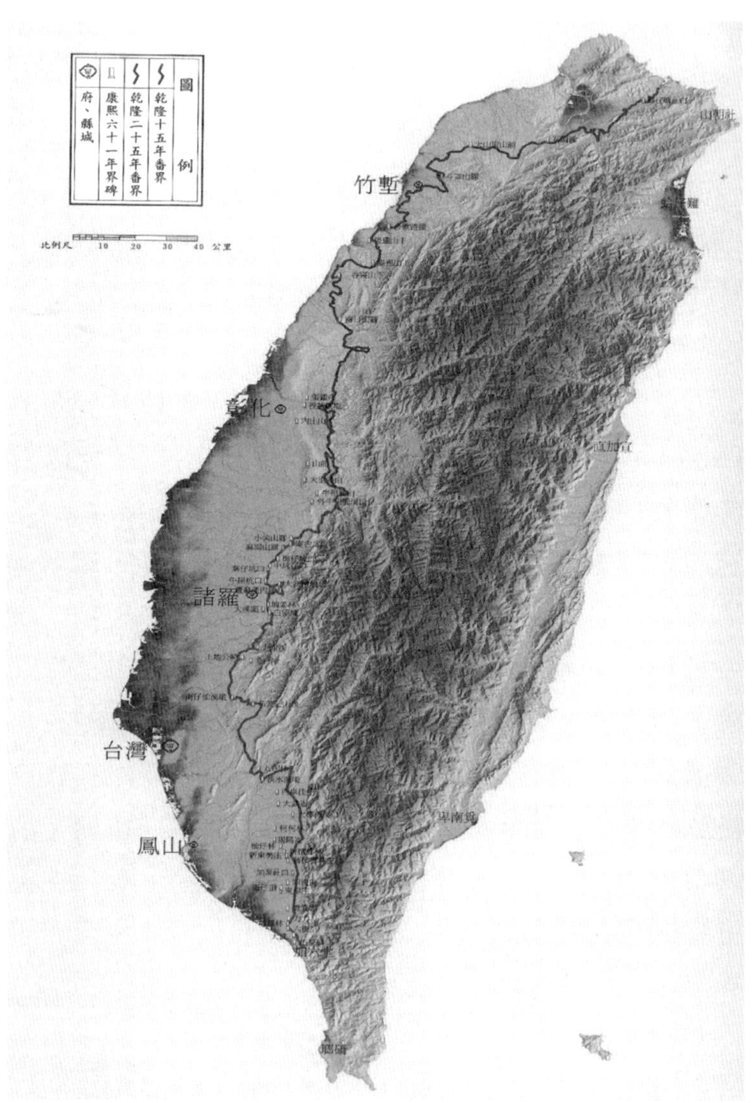

圖7. 清康熙61年界碑位置、乾隆15年、乾隆25年的國界線標示地圖。

圖8. 乾隆25年(西元1760年)番界(國界)「土牛紅線」的局部地圖，
標示清國多次重新界定番界(國界)，往東推移。

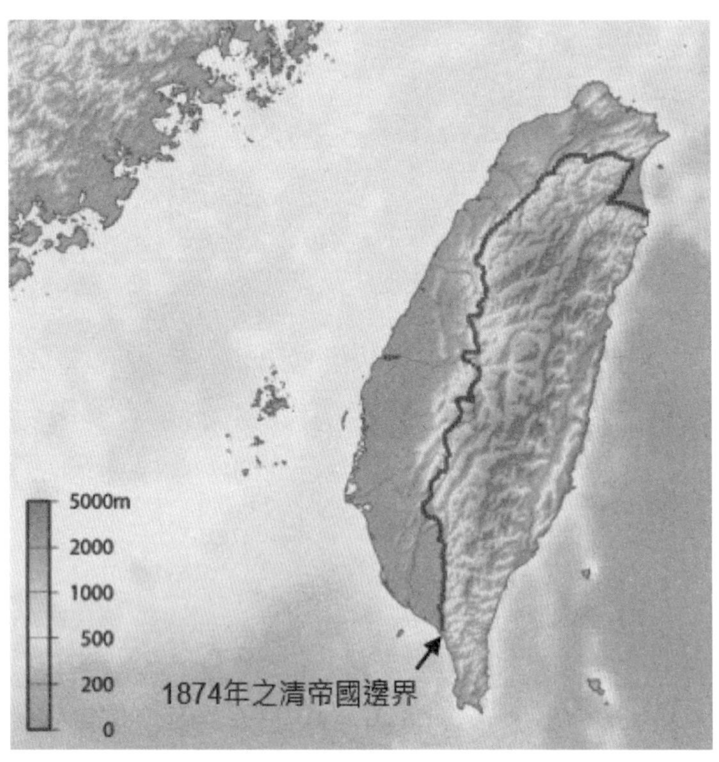

圖9. 1874年 清國國界

第十一章

中國壓霸集團陰狠煉製的「斯德哥爾摩症候群」、「台灣受虐症候群」

十年前旅美精神科醫師林毅夫先生，就對蔣幫中國壓霸集團的入侵台灣後，原台灣人從反抗(是有一些貪求聞達的假漢人台奸助蔣為虐，但極為少數)到順從，再自以為是漢人、華人而接受，最後竟溶入蔣幫中國壓霸集團肆虐台灣的體系之心理演變過程，做了明確分析，並寫成《台灣人受虐性格的心理分析》一書。筆者八年前亦以「台灣受虐症候群」敘述台灣現況的悲哀。林毅夫醫師和筆者都是以「斯德哥爾摩症候群」說明今日台灣人受虐性格的病因，期望現代台灣人在瞭解後，能自我療癒而覺醒。可惜至今，成效都不如期待。

「斯德哥爾摩症候群」是自古即有的偶發性心理病態，但經過精神科醫師分析確認的，則始自1973年之瑞典首都斯德哥爾摩的銀行搶案。當時四位人質被兩個歹徒挾持在銀行內，與瑞典警察對峙，期間人質受盡凌虐，在四天半的時間裡，受虐人質卻變成這兩個歹徒的同情者和擁護者，事後不但譴責瑞典警察不應逮捕這兩個歹徒，而且又捐錢替這兩個歹徒辯護。精神科醫師才驚覺出這種心理扭曲的現象，遂將這種扭曲的被迫害心理與精神病態，首次命名爲「斯德哥爾摩症候群」。

「斯德哥爾摩症候群」的形成，除了與受虐者心理健康的強度有關外，最主要的原由還是施暴者玩弄的手法。以1973年的瑞典銀行搶案爲例，期間搶匪展現完全掌握人質生死的霸氣，雖對人質數度凌虐，但未把人質賴以爲生的需求剝奪殆盡，讓人質滋生有感恩之心(人質不瞭解搶匪留存他們，純粹是爲當手中籌碼)，搶匪又把人質受難歸罪於警方包圍，告訴人質，他們搶銀行是因爲已山窮水盡，是不得已的；人質之所以在此受苦，則是因爲警方包圍所致，否則他們早已逃走，大家都可得安樂，何須在此受苦。搶匪掌握生死的霸氣類似宗教的萬能神明，人類在無知與無力的境界，都存在一種原始的恐懼，恐懼會轉爲敬畏，敬畏會衍生出乞求與依賴，這是人類會祭拜神明與信仰宗教的由來，所以偶爾會有受虐者對施暴者產生神明式的崇拜現象。輕度的這種心理扭曲，常會發生而少被注意，如神棍、官僚與幫派頭子的作威作福。而嚴重的這種典型心理扭曲，則較少出現，偶發時會引起震驚。這種嚴重精神與心理的變態，在世界上都是偶發的獨立個案。可憐在台灣，卻是被設計出來的全面性慘況，使得台灣人在幾十年之後，多數人不知不覺地認賊作父、認盜作祖，且已延續達七十年之久。全面性地歷經二至三代，已成劣幣驅逐良幣的「習呆奴生活爲常態」，進入難以康復的窘境，遂成陰狠下的悲慘──「台灣受虐症候群」。

受虐待者心態(斯德哥爾摩症候群、台灣受虐症候群)的形成，是因爲生命受威脅、資訊受隔絕，一切生活所需必須依靠施虐者供給、施捨，所有資訊皆由施虐者提供，行爲「正確」時(得施虐者歡心)可有小恩小惠可得。這就是原台灣人在蔣幫中國壓霸集團前50年恐怖統治下相同的情景。

1945年蔣幫中國壓霸集團入侵台灣，爲填補中國物質上的缺口，也爲滿足其對財富的貪婪，使用槍炮武力爲工具，對台灣強取豪奪，金、銅、鋁、煤迅速挖罄，台灣高級木材砍盡，蔗糖、稻米納入他們財源的禁臠。先管制出、入境與文書、報紙、廣播、通訊，斷絕台灣人所有資訊來源。再以軍、情、特等機關配合警備總部，全面監視台灣人，有疑慮者無限期關入獄，有不滿或反抗者槍決不留。食物、生活日用品限額配給。無限量印製台幣鈔票，用來搜括台灣民間物資，並逼使台幣急劇貶值，再以幣制改革爲名，洗劫台灣人的原有積蓄(4萬元舊台幣僅能換1元新台幣)。台灣族人爲求生存，不得已只好屈服，但仍整天擔驚害怕，因爲任何一位蔣幫中國壓霸集團份子只要一時不高興，隨時即可能有人生命不保。在長達50年內，台灣人都生活在恐懼中，吃不飽也餓不死。蔣幫中國壓霸集團無恥地自稱高級中國人，以狂妄中國意識，同時從學校教育、社會教化洗腦台灣人，鼓勵台灣人努力學習當次等假漢人(可任公職，生活安康)。除了那幾個起初就助蔣爲虐的假漢人台奸，蔣幫中國壓霸集團再以名利、財富誘使一些不能夠忍受饑寒、平庸的原台灣人加入其統治系統(得意政客，爲其所用，或用以裝飾民主表象)，得以次高級人的姿態面對同胞而享次等榮華。以上種種陰狠手段，正是形成斯德哥爾摩症候群的完整必要因素。這是被陰狠設計出來的全面性慘況，多數原台灣族人於是逃脫不了染患重症斯德哥爾摩症候群的惡運，形成「台灣受虐症候群」。

二戰後的台灣政治環境裡，有聞達假漢人台奸的助蔣爲虐，蔣幫中國壓霸集團再僞造台灣歷史，以學校教育及社會教訓，陰狠地扭曲「霸凌者」與「受虐者」關係，「受虐者」爲求生存，被迫或主動加入「霸凌者」陣營。外來侵略者的少數統治，事實上都需利用占多數之「被侵略者」(受虐者)群裡的一些份子，從而擴大「侵略者」統治的陣營，居少數的「侵略者」(霸凌者)才能順利繼續欺侮占多數的「受虐者」，外來侵略者也才能順利進行長期壓榨「當地被迫害者」。台灣不只在解嚴前如此，在解嚴後更是惡化。「利益分贓」和「共犯結構」的雙重吸納，不僅誘使台灣人參與了外來侵略者統治權力的罪惡行徑，更使得一些貪求聞達的台灣人，竟成爲侵略者鞏固其特權的依靠。

台灣人必須從扭曲的受虐性格(斯德哥爾摩症候群、台灣受虐症候群)中走出來！不從扭曲的受虐性格中走出來，政黨輪替的政權接管，只是表面的形式上民主，不可能發展成穩定的實質民主形式，更不可能建構一個正常的台灣國家，也缺少全體台灣人深層的整體意志和國家感情。台灣人若不知清醒，仍持續糾葛於「中華民國在台灣」的殘餘中國形式裡(死而不僵的中華民國)，台灣人永遠須面對另一個中國(實質之中華人民共和國)在旁虎視眈眈，要展開新的國家建構必然極爲困難，而且充滿危險。這才是今日台灣問題的根本所在，是全體台灣人想要自己及子孫有安定、和平、尊嚴的生活，不得不首先醒悟並解決的要事。

第十二章

重症「斯德哥爾摩症候群」在「台灣受虐症候群」的表現

美國國務院遞交華盛頓特區中國(當時所謂的中華民國)大使館的外交備忘錄：日期，1946年11月21日；主題，台灣人屬日本國的身份地位。(1946年美國國務院外交關係部門，遠東報告第三冊，第359頁)內容載明：「必須指出的是：以法律觀點來看，台灣的主權轉移仍尚待正式的處置。一個主權轉換的條約，將必須經過各方合宜的談判過程，而此條約將影響台灣主權的移交，更須包括關於台灣住民之國家地位應合情合理更改的條款。」(台灣在法律地位上仍是屬於日本)

Aide-Memoire: The US Department of State to the Chinese Embassy, Washington DC. Date November 21, 1946. Subject: Status of the Taiwanese persons in Japan. (The US Department of State, Foreign Relations of the

United States, 1946, The Far East Volume III page 359.)

"It should, however, be pointed out that from the legal standpoint that the transfer of Taiwan's sovereignty remains to be formalized; assumably a treaty of cession will in due course be negotiated which will effect such transfer and which may contain provisions in regard to appropriate change in the national status of Taiwan's residents." (Taiwan legally belongs to Japan.)

當時，蔣介石的中國國民黨軍事政權受派軍事占領台灣已超過一年。所以，蔣介石的中國國民黨軍事政權，早就受到警告。1949年，在台灣的所謂中華民國流亡政府，也早就知道自己是國際公認的非法政府！

就因爲所謂「中華民國政府在台灣」是流亡政府，中國人視台灣爲殖民地，所以中華民國政府的高官和軍事將領去中國大談出賣台灣給中國，中華民國司法不能以叛國罪懲治他們；任職中華民國政府機構的高官(如董淑貞)同時可以去擔任中國統戰部大將，執行消滅台灣的任務，中華民國司法還是不能以間諜罪懲治她；台灣空軍軍官施勛銘影印台灣幻象2000的機密資料給中國，洩密間諜罪證確鑿，法院可以寫悔過書結案。因爲中國國民黨和中國共產黨是同一國家的兩個政黨，同一國家的兩個政黨共謀侵略他國，就共國家而言，何罪之有？這點全中國人都知道，就只有台灣人不知道！

有台北周先生來函質疑，他說：「你所言『中國人視台灣爲殖民地，同一國家(中國)的兩個政黨共謀侵略他國(台灣)，就其國家(中國)而言，何罪之有？』，是把台灣檢察體系的不當無作爲和法官的不當判決無限上綱了。若沒其他證據，不可以隨便這樣擴張解釋！」

以下是筆者對周先生的回答：

證據太多了，不用談過去台灣行政或司法對「自稱中國人」和「自稱台灣人」相同行爲的不同對待了，就在2015年5月1日，代表中國國民黨參選台灣總統的洪秀杜就囂張地替「高級中國人」坦白：「兩岸都是整個中國的一部分，兩岸關係不是那一方之內部事務，而是整個中國的內部關係。」這是白話，是代表在台灣的蔣幫壓霸集團及繼承人(中華民國)，並以中國人身份發言的。相信周先生應該聽得懂，所以不必筆者多做解釋了！

2015年6月10日，總統府資政、前閣揆陳冲替洪秀杜所言背書，陳冲說：「洪秀柱個性直爽、願講心裡話，又不白目。」同一天，管中閔也在臉書貼文表示贊聲：「洪秀柱有『爺兒們』的氣勢。」

洪秀柱本來就屬「一向囂張慣了的一群蔣幫中國壓霸集團繼承人」(如公開大叫「我們是高級中國人」的郭冠英、自稱「中國人是爺兒們」的管中閔)，洪秀柱習慣言語橫行而不掩飾。於是，2015年7月2日，洪秀柱接受台視《台灣名人堂》專訪時，又大叫：「我不能說『中華民國的存在』。」她似乎怕有人聽聽不懂，趕緊追加補充說明：「『不能說中華民國存在』，是要對岸承認中華民國『政府』(不是國家)。我們也不是承認中華人民共和國，是承認中華人民共和國『政府』。」這些話就不一定每個人都聽得懂了！

洪秀柱代表蔣幫中國壓霸集團繼承人坦白的意思是：中華民國是一個流亡政府，流亡政府不是國家。國家必須有完整的三要素「人民、土地、政府」。「政府」只是掌握管控力量的組織，任何侵略者、叛亂者、流亡者都可以自稱是「政府」，但不能稱爲國家。因爲「國家」除了掌握管控力量的政府，還必須有自己的人民和土地。洪秀柱承認「中華民國」政府是掌控別國之土地和人民的流亡政府，所以她「不能說中華民國是以國家意義存在的」。「中華民國」是流亡政府的名稱，雖然「中華民國」這名稱帶有一個「國」字，但「中華民國」僅是用來掌控台灣的「政府」之稱號。台灣也不是「國家」，因為台灣只有人民和土地，並沒有「政府」！所以，若以國家而言，中華民國是不存在的。

周先生若沒在電視上聽到以上這些蔣幫中國壓霸集團繼承人的宣示，現在快去翻閱報紙。周先生看了以後，若還認為只是「台灣檢察體系的不當無作為和法官的不當判決」、是筆者「無限上綱」了，筆者再詳細替周先生解說。

三十年來，台灣聞達人士、政治人物、婦女人權團體，高聲為二次世界大戰被日本強徵的悲慘慰安婦叫屈，強烈要求日本政府公開道歉、賠償。但是，卻從未見過這些見義勇為的高尚人士，出來為那些被蔣幫中國壓霸集團誘拐、逼迫進到所謂軍中樂園之所謂女侍應生的軍妓抱不平或要求蔣幫中國壓霸集團道歉、贖罪。對日本軍隊的惡行義憤填膺，對蔣幫中國壓霸集團之蹂躪則噤若寒蟬，除了重症的「斯德哥爾摩症候群」，要如何解釋這種心理病態？

台灣的「軍中樂園」是1950年，由當時中國國民黨黨軍的五十二軍政戰主任楊銳建議，國防部總政部主任蔣經國批准，1951年起以「軍中特約茶室」爲名，開始在金門、馬祖及台灣各地實施，供當時的軍人「娛樂」。「軍中特約茶室」「女侍應生」的來源限定必須是原台灣人，有被說服轉往的原性工作者，更有不少是被誘拐、綁架的少女，還有被迫交換縮短刑期的女受刑人。直到1990年時，才由當時任立法委員的前總統陳水扁，在立法院大聲質疑婦女被「輔導」到軍中樂園犧牲，認爲違反婦女人權，向國防部提出緊急質詢，當時的國防部長陳履安才同意裁撤。至1992年，蔣幫中國壓霸集團的台灣「軍中樂園」「性服務」才結束已40年有餘之不人道行爲。

蔣幫中國壓霸集團的「女侍應生」，和二次世界大戰日本軍隊的「慰安婦」，都是以避免官兵犯下強暴婦女案件做爲藉口，但其心態和時空環境卻截然不同。以下就兩相對照，請大家看清楚：

一·日本軍方強徵「慰安婦」是存在於二次世界大戰的1938年至1945年8月15日，爲時僅7年。

蔣幫中國壓霸集團的強迫「女侍應生」則發生於戰後蔣幫中國壓霸集團逃亡到台灣的1950年至1992年，持續超過40年，而這時間正是世界各國朝向民主化、維護人權、重視女權覺醒的發展時期。蔣幫中國壓霸集團卻是於這段時期在台灣積極以「斯德哥爾摩症候群」的模式把台灣人民呆奴化，所以蔣幫中國壓霸集團才能反其道而行。

二．日本軍方於二次世界大戰期間是先使用自己國內日本婦女擔任「慰安婦」，後才徵用台、韓婦女。

蔣幫中國壓霸集團卻是自始即限定「女侍應生」必須是原台灣人，不得糟蹋其中國人。曾有一名中國國民黨黨軍河南籍老兵，因娶台籍女子時未辦登記，其女兒籍貫被註記爲台灣「台北縣」。她被徵用到金門當「女侍應生」，被其他來嫖妓的河南籍老兵認出，蔣幫中國壓霸集團「高層」還因此「嚴懲」軍方失職人員。

三．二次世界大戰結束以前的三十年間，世界軍國主義盛行，人權與人道不受重視。日本軍方於1938年至1945年強徵「慰安婦」，惡行不諱，檔案留存。

蔣幫中國壓霸集團的強迫台灣婦女任軍隊「女侍應生」，卻是於戰後自知其惡行不容於世，蔣幫中國壓霸集團拿依附的走狗掛名，僞稱「特約茶室」招募「女侍應生」，事後銷毀記錄，一副事不關己的態勢。

四．曾經擔任日本自民黨總裁的河野洋平，於

1993年任日本內閣官房長官時發表談話：「承認日軍強徵『慰安婦』，並對此表示道歉和反省。」這一談話也成爲日本政府在「慰安婦」問題上的官方立場。2015年8月14日，日本首相安倍晉三就日本二戰投降70週年發表講話：「不能忘記在戰場背後那些名譽與尊嚴都深深受到傷害的女性們。」「我國對在那場戰爭中的行爲多次表示深刻的反省和由衷的歉意。」

相反的，蔣幫中國壓霸集團至今仍在掩飾其1950年至1992年其軍隊強徵台灣「女侍應生」的惡行，從不道歉或反省。

綜觀以上四點比較即可瞭解，70年前，二次世界大戰期間日本軍隊強徵「慰安婦」是壓霸可惡；23年前，蔣幫中國壓霸集團強迫台灣婦女任「女侍應生」，除了也壓霸可惡，更是陰狠至極。

蔣幫中國壓霸集團繼承人馬英九甚至還有臉針對慰安婦這段歷史，假惺惺地說：「慰安婦的故事是台灣歷史的一部分，不應被遺忘。這不是個別種族議題，而是一個人權議題。歷史的錯誤或許可以被原諒，但絕不能被遺忘。」而台灣聞達人士、政治人物、婦女人權團體時到今日，對日本內閣官房長官河野洋平的「道歉和反省」，及日本首相安倍晉三之「反省和由衷的歉意」，仍認爲其誠意不足，卻可以對持續超過40年，也才是23年前之事的蔣幫中國壓霸集團「軍中樂園」內被迫害之台灣「女侍應生」，充耳不聞、視而不見。

台東女中周威同老師，因2015年5月29日接受記者採訪時，表示他反對黑箱作業方式的所謂課綱微調，該校教官立即盡職地通報教育部，將周威同老師列管，置學校教師於恐懼之中。蔣幫中國壓霸集團一向把學校教育視爲管控思想、洗腦台灣人的重要利器，無論明裡或暗來，是絕不可能放鬆的。已洗腦整體台灣人70年，現在台灣的表面民主化，使中國壓霸集團開始擔心，怕如果有一天，原台灣人因社會開放而清醒，那麼他們在台灣的既得利益可能會受影響，所以他們是絕不會放棄嚴密掌控學校教育的。

2015年6月2日，羅東高中學生又因爲分發反對違調課綱的傳單，被該校學務主任發現而喝斥取締，學生受到驚嚇，紛紛慌亂竄逃。

所謂的中華民國流亡政府高壓統治台灣才前50年而已，現在台灣還有多少人記得所謂中華民國政府是非法的流亡政府？有多少台灣人清楚知道自己是被殖民地的次等假公民？(雖然壓霸殖民者一直在高喊自己是高級中國人) 又爲何多數的善良台灣人會誤以爲警備總部裁撤了，就不再有白色恐怖？這又是什麼樣的影響力造成的呢？

有早已漢化的山地泰雅族人陳姓姊妹(己70幾歲)，爲重新拾回山地原住民的身份，於2011年11月檢附原住民委員會證明文件，要恢復山地原住民身份登記，其申請原已獲准。不料於2012年8月，台北市政府戶政事務所卻以其父原戶籍註記爲「福」，且兩姊妹是繼承父姓爲由，撤銷陳姓兩姊妹的山地原住民身份登記。後雖經兩姊妹的子孫據理告上法院，法院合議庭才於2015年判定陳姓兩姊妹可恢復山地原住民身份登記。但其判決理由卻是：「爲改善漢族父系社會歷史背景所造成的不公平現象，女性原住民後代適用原住民身份法第八條第二項規定時，應從寬解釋。」

都已經2015年了，台灣的法院、台北市政府戶政事務所竟然還呆奴化到此地步，眞是悲哀！

看看那高金素梅，其父金德培爲滿族愛新覺羅人的所謂中國人，母高香妹是台灣泰雅族山地住民(蔣幫中國壓霸集團侵台後，被強冠漢姓、強取漢名)。

高金素梅本名爲金素梅，她一直自稱是中國人。於2001年爲貪求名利，決定參選較易得手的山地原住民立法委員，才加冠母姓，改名爲高金素梅的，並變更爲山地原住民身份登記，且順利當選立法委員，還連任4屆至今。她父親金德培戶籍註記爲中國東北(滿)，當時有誰說過金素梅不能改變身份登記爲山地原住民了？不過，當了山地原住民立法委員後，高金素梅還是一直自稱是中國人。

2001年，自稱是中國人的半個台灣原住民金素梅可以變成台灣山地原住民高金素梅；2012年的台北市政府，卻將被強冠漢姓、強取漢名的台灣原住民認定是漢人，即使陳姓兩姊妹恢復台灣山地原住民的身份已將近一年，還是堅持非要撤銷她們的原住民身份不可。要多麼大的邪惡「影響力」，才足以造成這種精神分裂？2015年的台灣法院，竟還胡說八道什麼「是爲改善漢族父系社會歷史背景所造成的不公平現象，從寬解釋」。在自作賤成腦殘後，竟還不忘以奴化言語再消遣台灣人一遍！

都什麼時代了，社會已這麼開放，竟然不見有台灣聞達人士對這整個事件覺得不對勁！這是不自覺的呆奴化！原台灣人以前是被洗腦，現在則是原台灣人自己在玩弄中國的邪門戲法來洗腦台灣人。這現象的力量不可怕嗎？

事實上，「福」的戶籍註記是日據時期，日本人爲方便管理，才將當時被清國強制訓化後，已養成漢化生活語言的福佬語系台灣人註記爲「福」，將當時被清國強制訓化後，已養成漢化生活語言的客家語系台灣人註記爲「廣」的(第四章裡已有詳細舉證說明)。註記爲「福」的原台灣人，在法律上地位不如註記爲「滿」的中國人？原台灣人啊，現在看清楚了沒有？

香港電影明星成龍(陳港生)又於2015年4月16日，出席澳門所謂「全球華語榜中榜暨亞洲影響力大典」時，讒媚中國地大言「沒有台灣片、香港片，只有中國片」的言論。還說：「只有中國片才能讓全中國人看」。意思是，你們再稱台灣片、香港片，這些影片全不准銷往中國！

成龍(陳港生)因香港電影而成名、走紅。今天陳港生媚共(當上中國全國政協委員)，香港人都還知道罵他「吃裡扒外」、「沒有成龍，只有淫蟲」，但台灣呢？而且，台灣與中國何干？爲何媚中之人總是要拖台灣下水？其實是台灣聞達人士的呆奴化，早已把台灣人拖下水！何況不少台灣聞達人士是一直在向中國卑躬屈膝地乞討呢！

都已經是2015年了，而且還是由自認台灣意識清晰的賴清德主政之台南市，市政府文化局竟然於4月26日盛大慶祝鄭成功侵台紀念日活動，「『重回北汕尾鹿耳門——模仿鄭成功登陸』。還邀請中南美洲、東南亞以及中國的學生組成所謂『外籍兵團』演練進攻台灣。說什麼要重演『圍攻赤崁樓』；模擬『攻打赤崁樓』。」這是比「被人賣了還幫人數賣身錢」更嚴重的心理病態，這是在慶祝自己被強押爲奴的作賤，還沾沾自喜地廣邀包括侵略者在內的各國，一同參與慶祝「凌虐自己的開幕把戲」，眞是變態到了極點。

而且，請問曾出版「熱蘭遮城日誌」的台南市文化局，你們是在那一件文獻證據裡看到鄭成功集團有「圍攻赤崁樓」或「攻打赤崁樓」了？

鄭成功集團本是海盜匪徒，盜匪之徒本質上是遇弱即凶狠；遇強則怯懦。鄭成功集團入侵台灣，不論船艦或兵力都百倍於荷蘭守軍，但仍然不敢攻城。不論是對普羅民遮城(赤崁樓在普羅民遮城內)或熱蘭遮城，都僅做圍城而已，不敢冒險硬打。起初是有零星的砲擊，以及荷蘭外哨遇見鄭兵時偶見打殺，但都是等到城內糧食與飲水用盡，使荷蘭人逼不得已而開城門投降，何來攻城了？何況是攻打普羅民遮城內的赤崁樓？眞是無可救藥！

連地點也盲目扭曲。北汕尾是在現今北門區，鹿耳門是在現今佳里區的北邊。不論是荷蘭人或鄭成功集團，其侵台登陸地點都是禾寮港(Smeerdorp，今下營，即Dorcko的Oijlaukan，早期唐山人和荷蘭人都稱Dorcko附近地區爲「台灣」)(《台灣受虐症候群》上冊第一章p.2-3)。禾寮港、北汕尾、鹿耳門的誤植，是始自中國人江日昇於1704年所寫的台灣外記一書。這些台灣聞達人士明知台灣外記內容錯誤連篇，是中國人江日昇以部分聽說、部分想像所寫的小說，卻堅持引用來當證據，且又不聽勸、死不認錯。

緊接著，又有市民因受「台南市政府文化局大舉慶祝鄭成功海盜集團入侵台灣」的影響，竟做出「復育安平清兵」的行動，在安平(大員)廣設13個大型清兵公仔，還高高興興玩起「國姓爺的寶藏」及「清兵踐踏台灣」的遊戲。台灣人何以自我洗腦、奴化到這種地步？台灣普羅大眾何辜？是台灣聞達人士(包括市長、文化局長)假漢人當上癮的迷亂行徑，加深了民眾的錯誤認知所導致！

還有，清國派台唐山官員，最多三年一任，且又都是剛到台灣就已在盤算歸期。由於心不在台灣，任內文書多數是個自隨意記下，所以同一地名常出現福佬話近音或同音的不同用字。例如：先是哆囉嘓，後寫成倒咯嘓；先是台灣內海(台灣族人原稱鹿耳海)，後寫成倒風內海；先是禾寮港，後寫成蚵寮港；先是北汕尾，後寫成北線尾；先是外汕洲仔，後寫成外傘洲仔；先是外汕頂洲，後寫成外傘頂洲(其實，線、傘是錯字，原「汕」是指水中沙丘)，都是唐山官員依據福佬語音隨手寫下的不同用字而已。台灣文史學者不察，難怪會搞得暈頭轉向。

這些台灣聞達人士爲了僞裝虛榮高級的假漢人，只要是中國文書，不管是再怎麼的胡言亂語，都盲目地奉爲圭臬。連「朱一貴，林爽文和戴潮春」三位先人明明是原台灣人憤而號召抵抗壓霸侵略者，台灣聞達人士卻寧願隨著蔣幫壓霸集團起舞，說什麼他們參加天地會、來台灣反清復明。到現在還堅持睜眼說瞎話，眞是自作賤得徹底了。台灣人的靈魂怎麼會淪落到這種地步呢？這樣下去，台灣人精神復健的最後一點希望，就要被這些台灣聞達人士盡數摧毀而蕩然無存了！

有人提出辯解，說：「他們是被洗腦後誤以為自己是漢人，而鄭成功集團是眞漢人，對付的又是荷蘭人(以為只有荷蘭人才是外來侵略者)，誤以『都是漢人來台』的同理心，而做胡塗事，也猶有可原。」

不對，姑且不說假漢人這事實，就算眞的是漢人好了，祖先做海盜去肆虐別人家園，是值得驕傲的事嗎？正常人會感到見不得人，或至少會不好意思才對！何況鄭成功集團比荷蘭人殘暴百倍。再說玩起扮演「清國官兵」的遊戲，若是漢人擔任清國官兵，那正是漢人自己常常掛在嘴邊罵人的標準「漢奸」啊(替入侵中國的人工作)！中國人孫中山不是一直說是要「驅逐韃虜」嗎？「當漢奸」好玩嗎？何況清國官兵是「侵略者」，台灣人是「被霸凌者」，「被侵略者霸凌」好玩嗎？

這都是「斯德哥爾摩症候群」的病態心理，是自以為和霸凌者站在一起就是高級貴族了！

終於有蔣幫壓霸集團繼承人，現任台灣教育部高中課綱檢核小組的謝大寧，於2015(今年)年6月10日公開演講時囂張地大聲承認：「歷史課綱有高度政治性，不是要闡述(眞實)歷史，而是要把不同來源的人凝聚為共同的『國族』，建立『我群』意識。」意思是說：「台灣的歷史課，本來就是用以洗腦你們台灣族人的工具，不必敘述史實，能讓你們迷糊而甘心臣服即可。」這話是有不少現代台灣聞達人士聽懂了，突然驚覺「中國壓霸集團是利用僞造歷史的教育在洗腦台灣人」。但是，奇怪的是，既然已看出今日蔣幫壓霸集團繼承人是在利用教育洗腦台灣人，那現代台灣聞達人士爲何就沒想起昔日更殘暴、更明目張膽的蔣幫壓霸集團會做什麼？曾做過什麼？蔣幫壓霸集團會比其繼承人善良？會比其繼承人客氣？蔣幫壓霸集團繼承人的伎倆又是怎麼學來的？既已知今日是在被洗腦，爲什麼還對昨日的被洗腦拒絕反省呢？爲何偏偏對前50年更殘暴、更陰狠的蔣幫壓霸集團之洗腦教化甘心接受？現代台灣聞達人士卻還是不承認自己的曾被洗腦，現在還在堅持「是清代移民後代」的謊言，是眞被洗腦洗癡了，眞的不知不覺了嗎？還是假漢人眞當上癮了？

大家要看仔細，這次被篡改的「高級中學中(國)文與社會領域課程綱要」，是2000年陳水扁任總統後增補的，這2000年後增補的課程綱要，僅是眾人皆知事情的皮毛而已。那爲什麼蔣幫壓霸集團繼承人會對「已是眾人皆知的零星皮毛」這麼在意呢？是因爲學校教育一直是蔣幫壓霸集團成功洗腦台灣人的重要工具，蔣幫壓霸集團繼承人擔心「萬一星火燎原」，他們70年來的精心設計豈不前功盡棄，蔣幫壓霸集團繼承人才不願意冒這個險哩！但是，既然蔣幫壓霸集團繼承人可以看到這怕被星火「燎」的「原」，爲什麼台灣聞達人士卻看不到呢？眞是被洗腦洗到見樹不見林了嗎？

中國壓霸集團在高喊「我們是高級中國人」(意思是：「我視你爲奴僕，我玩弄你、你服侍我，是剛好而已」)、「你們都是我們高級中國人幹出來的」(意思是：「你既已認我這盜作祖，我這盜罵你是我幹出來的，也是剛好而已」)、「台灣人若要去中國化，就不能拜關公、媽祖，也不能吃中國菜，連姓氏都必須要改回去。」(意思是：「這些宗教、習俗都不是你們原台灣人自有的，你們既已被我教訓成習慣使用我的宗教、習俗，當然必須拜我爲祖公、供養我。若不認我是祖公，就得全部改回去你們自己的宗教、習俗。但是你們改得回去嗎？哈哈！」)之後，2015年6月10日再公開承認：70年來，中國壓霸集團對原台灣人的洗腦過程，就是利用僞造的歷史教材達成的。

這些話都是公開大叫的，電視上播放好幾天，報紙也刊登了好幾天，大家會都沒聽到？會都沒看到？怎麼會不知不覺？是重症「斯德哥爾摩症候群」啊！是「台灣受虐症候群」啊！

2015年6月26日，代表中國國民黨的台灣總統參選人洪秀柱，在造勢餐會上刻意安排了一場「重要的意外師生會」戲碼來宣傳。奇怪的是，中國國民黨找來一位鄭承民先生，說是當年洪秀柱擔任訓導主任時的學生，要幫洪秀柱助選。鄭承民對著在場媒體大叫：「洪秀柱從來不打學生嘴巴，當年她只是用手打學生而已，我可以作證。」還強調說：「我自己就曾被洪秀柱打屁股告誡。」所以他崇拜洪秀柱，率領所有現場支持者爲洪秀柱高喊「當選」！(雖然已有很多人作證，洪秀柱都是手持板條或藤條惡狠地打人，以威嚇學生、管控學生。觀之今日的洪秀柱，其咄咄逼人的囂張氣焰何曾稍減！)

這是什麼「受虐心態」？「洪秀柱用手打人」只是「而已」？洪秀柱打人只要不打在嘴巴，就是崇拜她的理由？還公開大肆宣傳？這種受虐的心理病態，正是標準的「斯德哥爾摩症候群」。受虐者遭受霸凌，但還可存活，還過得去；雖恐懼，但還能有小得意；恐懼轉爲敬畏，敬畏再衍生出乞求和依賴，就變成以「和霸凌者站在一起」爲榮了！

「斯德哥爾摩症候群」是偶爾會發生，但都會引起全世界的震驚。這位鄭承民先生卻是被特意表揚，各媒體還大肆宣傳、報導。似乎也沒有任何台灣人覺得不對勁(包括所有原台灣人和移居台灣的善良中國難民及其子孫)！

天啊！現在是21世紀啊！生活在正常國家的人，有誰能夠相信會有這種事情？

國家圖書館出版品預行編目資料

台灣人被洗腦後的迷惑與解惑／埔農著.
- - 初版.- - 台北市：前衛，2015.10
208面；15×21公分

ISBN 978-957-801-780-1（平裝）

1. 台灣史　2. 台灣政治

733.23　104019595

台灣人被洗腦後的迷惑與解惑

作　　者　埔農
責任編輯　番仔火
美術編輯　宸遠彩藝
出 版 者　台灣本鋪：前衛出版社
10468 台北市中山區農安街153號4F之3
Tel：02-2586-5708　Fax：02-2586-3758
郵撥帳號：05625551
e-mail：a4791@ms15.hinet.net
http://www.avanguard.com.tw
日本本鋪：黃文雄事務所
e-mail：humiozimu@hotmail.com
〒160-0008 日本東京都新宿區三榮町9番地
Tel：03-3356-4717　Fax：03-3355-4186
出版總監　林文欽　黃文雄
法律顧問　南國春秋法律事務所林峰正律師
總 經 銷　紅螞蟻圖書有限公司
台北市內湖區舊宗路二段121巷19號
Tel：02-2795-3656　Fax：02-2795-4100
出版日期　2015年10月初版一刷

定　　價　新台幣250元

Printed in Taiwan　ISBN 978-957-801-780-1